10 Rules and 100 Approaches to Coach Young Teachers

若手育成 10の鉄則 100の言葉がけ

堀 裕嗣

小学館

Hori Hirotsugu

■装幀
近田火日輝（fireworks.vc.）

■本文DTP
永井俊彦（ラムデザイン）

■表紙&本文イラスト
イクタケマコト

若手育成10の鉄則　100の言葉がけ

目次

❷ つながる……98

❸ とがめる …… 120

❹ はげます　142

まえがき

こんにちは。たいへん御無沙汰しております。お初にお目にかかる方もいらっしゃるかもしれません。以後お見知りおきを（笑）。堀裕嗣《ほりひろつぐ》です。

さて、僕のヒット作の一つである「10・100シリーズ」を、この度、小学館から刊行していただけることになりました。シリーズ五冊目、三年半ぶりの新作になります。諸事情によりしばらく頓挫しておりましたので、著者としてはたいへん嬉しく感じております。ただ長い人生においては三年半くらいはどうということもない期間だとも言えなくはありません。この間、このシリーズを休んでいたからこそ成立した企画というのも確かにあったわけでして、そういう意味では人生の巡り合わせの一つなのかもしれません。

今回のテーマは「若手育成」です。しかも「言葉がけ」という具体的なエピソードを基本としています。その意味で、本シリーズの中心的な装いである「原理・原則を語る」という抽象的な趣とは少々異なった本に仕上がりました。100のエピソード、要するに100の事実を積み上げましたので、守秘義務に反することはないか、かつて一緒に仕事をした若者を傷つける表現はないかと、少々気を遣いながら書きもしました。結果、100のエピソードのなかには事実そのものではない、多少加工せざるを得なかったものが少しだけ含まれていますが、九割くらいは〈事実〉そのものを、少なくとも〈僕の記憶のなかの事実〉そのものを書いている本になっています。

僕が若手教師の育成について考えるようになったのは二〇〇五年、札幌市立上篠路《かみしのろ》中学校に赴任して学年主任を務めるようになってからのことです。そこでは高村克徳先生、齋藤大先生、中村早苗先生、佐藤恵輔先生、仙臺直子先生という五人の若者たちと出会いました。また、前任校の札幌市立北白石《きたしろいし》中学校で学年主任を務めた折には、原啓太先生、新里和也先生、葛西紘子先生、佐久間遼先生という四人の若者たちを指導しました。いま振り返ってみると、前者は僕が初めての学年主任に戸惑いながら試行錯誤のなかで学年運営を進めていた時期、後者は自分の学年主任としてのスタイルが確立した後の安定期と言えます。この九人の若者たちと出会わなければ間違いなく本書は成立しませんでした。この場を借りて感謝申し上げます。ありがとう。

また、同時期の二人の女性副主任、髙橋美智子先生（上篠路中）と山崎由紀子先生（北白石中）には、いくら感謝しても感謝し切れないくらい、ワガママな僕の学年運営を支えていただきました。もしもこの二人がいなかったら、間違いなく現在の僕はいないでしょう。彼女たちは僕の教育観と言いますか、職業観と言いますか、むしろ人生観と言っても良いようなものを変えてくれるほどの影響を僕に与えてくれました。あらためて、「みっち」

と「ユッコ」に最愛を込めて、深く深く感謝申し上げます。ありがとうございました。

北白石中学校では、渡部陽介先生、山根康広先生という、スケールの大きな二人の若者と出会うこともできました。この二人が今後、どのくらいスケールの大きな実践を積み重ねていくのか、或いはどのくらいスケールの大きな教師になっていくのか、僕はそれを楽しみにしています。

教員人生はほぼ四十年です。先の二十年を〈往路〉、後の二十年を〈復路〉とすれば、教員人生の多くの危機は実は〈復路〉にこそあります。人は年齢を重ねるに連れて、年上の人が少なくなり、年下の人が増えていきます。当然と言えば当然のことなのですが、多くの人たちはそれを忘れがちです。傲慢になったり、自分のことしか考えなかったり、いろいろなことを諦めてしまったり、自分ではそうと気づかないままに危機に陥ります。年下の、自分よりも若い世代からなにを学ぶか。どんな影響を受けるか。彼ら彼女らの影響によって、どれだけ自分の世界観を成熟させられるか。教員人生の〈復路〉にはそんな心持ちが必要なのだと思います。

本書が真剣に若手を育てたいと考える〈復路〉を生きる皆さんに、そして戸惑いながら〈往路〉を走り続ける皆さんに少しでも役立つなら、それは望外の幸甚です。

第一章

若手を育てる10の鉄則

①〈貯金する往路〉と〈貯金を切り崩す復路〉

「生徒指導」ひと筋とか「授業研究」ひと筋では〈復路〉を考えるとマズイのです
なるほど〜
若手代表
若手を育てるときには「貯金の仕方」についてより広い視野をもてるよう導いてあげるべきなのです
ごらん
ボク定期預金ならしてますよ
ばーーーん!
他人のために時間と労力を使ってこそ得られる「成長」があります
ビシ!
ナルホドー
投資信託?!
へぇぇ!

①〈貯金する往路〉と〈貯金を切り崩す復路〉

「若手を育てる」なんていうと、自分の歩んできた道のりを押しつけるイメージで考える人が多いような気がしています。そうと意識しないままに、「オレはこうだった」「昔はこうだった」と語り出す人が多いようにも感じています。でも、多くの年輩者がかつてを懐かしみながらする昔語りを、僕はそのほとんどが嘘だと思っています。特に教員のそれはほとんどすべてが嘘です。そんな素晴らしい青年教師時代を過ごしたのならば、その人は現在、もう少しまともに教育活動を機能させていてもいいんじゃないか……そんな意地の悪いことを考えてしまいます。

ある程度の社会的な成功をおさめた人たちは、みんな自分史を書きたがるようになります。自費出版される本もその多くは自分史です。でも、自分史を書き始めたら、それはその人の成長が終わったことを意味します。自分史が自分の人生の全面肯定への欲望を意味するからです。自分の人生を全面肯定する人は、もう既に成長の渦中にはいない人です。成長の渦中にいない人の昔語りは、既に全面的に肯定された人生、完成された人生に対する昔語りになりがちです。そんな昔語りに過去の美化がないはずがありません。

もう一つ、年輩者に顕著なのは、自分と似たタイプの若者だけを可愛がるという傾向です。校長もそう。教頭もそう。教務主任とか生徒指導主事とか、学校を動かすような立場に就いているベテランもそう。自分が研究畑を渡り歩いてきた校長なら、実践研究が好きな若者を可愛がります。新卒から生徒指導ひと筋で来た生徒指導主事は、生徒指導や部活動指導に一生懸命な若者を可愛がり、年に何度も研究授業をするような若者を「物好きなヤツ」と変人扱いします。この傾向も若手の成長の弊害になっています。

言うまでもないことですが、職業生活には四十歳くらいに分岐点があります。四十歳くらいまでは〈往路〉、四十歳を超えると職業生活は〈復路〉に入ります。〈往路〉は自分に力をつけること、自分の力量を高めること、つまりは自分の貯金を増やすことにその本質があります。四十歳を過ぎると自分の成長よりも他人へのフォローや意思決定が仕事になっていきますから、なかなか自分の成長のために時間や労力を使うことが難しくなっていきます。どちらかというと貯金を切り崩しながら仕事をすることになります。僕がよく〈貯金する往路〉〈貯金を切り崩す復路〉と言うのはこうした意味です。

しかし問題は、実はこの貯金の仕方であり、貯金の切り崩し方にこそあります。

若者が貯金をする場合、学級経営ひと筋、部活動ひと筋、実践研究ひと筋という貯金の仕方をします。中堅になると、生徒指導ひと筋、進路指導ひと筋なんていう人もいます。

しかし、〈往路〉でこういう貯金の仕方をしていると、〈復路〉に入っていろんなタイプの若者をフォローしようとしたり、いろんな系統の仕事が複雑にからみ合う事案について意思決定しようとしたりしたときに、切り崩す貯金がないという事態に陥ります。大学の先生や研究者なら「専門外ですから……」と逃げることもできるかもしれませんが、公立学校教師の〈復路〉にそんな言い訳は通用しません。結果、得意分野中心の狭い領域を基準とした偏ったフォロー、偏った意思決定をしてしまうわけです。

こういう事例のなんと多いことでしょう。

学校の仕事は大きく分けて、生徒指導系と教務・研究系に分かれます。特別活動系と教育課程系と言っても良いかもしれません。学級づくりや生徒指導、行事指導や部活動指導は前者ですし、授業研究や道徳計画づくり、進路指導や校内研究といった仕事は後者です。こう考えてみると、生徒指導ひと筋、進路指導ひと筋でやってきたなどというプライドの抱き方が、ずいぶんと狭い領域だけを相手にしたものだということが見えてきます。部活動ひと筋なんていうのは、ある一つの競技種目に限って言っているわけですから更に狭くなるはずです。〈往路〉におけるこうした貯金の仕方は、やはり来るべき〈復路〉を考えたときにはまずいのではないか。そう僕は思います。

「若手を育てる」というとき、年長者は、〈貯金の仕方〉についてより広い視野をもてるように導いてあげることが大切です。それも、その若手が好きでやっていることを中心に据えながらも、学校教育の他の領域がどんなふうにそれと関連しているのかをちゃんと語ってあげる、そういう導き方が必要です。例えば、部活動にいそしんでいる若者に対して、「ほら、部活動の指導と学級づくりはこんなに共通点があるんだよ」とか、「ほら、部活動のこの原理は授業づくりのこの原理と似通っているだろ」とか、「ほら、部活動の時間を確保するために、教務主任はこんなふうに教育課程を工夫しているんだよ。きみが部活動の指導に打ち込めるのは教務の行事計画の賜なんだ」とか、こうしたことを教えてあげられる年長者でありたい、そういうことです。

こんなふうに若手を指導したりフォローしたりしているうちに、なぜこの指導はうまくいったのか、なぜこのフォローはうまくいかなかったのか、そんな視点が年長者にも生まれてくるものです。指導やフォローがうまくいったりいかなかったりという経験を踏まえて、それらが意思決定の観点にも大きく活きてくるはずです。こんな〈復路〉の在り方こそが、貯金を切り崩しながらもまた新たな次元で蓄えを増やしていく、そんな〈復路の貯金〉の本質なのではないか、それこそが成長し続ける教師の〈復路〉の在り方なのではないか、僕はそんなふうに考えています。若手のために、他人のために時間と労力を使ってこそ、初めて得られる成長というものがこの世には確かにあるのです。

2 〈HOWの問い〉と〈WHYの問い〉

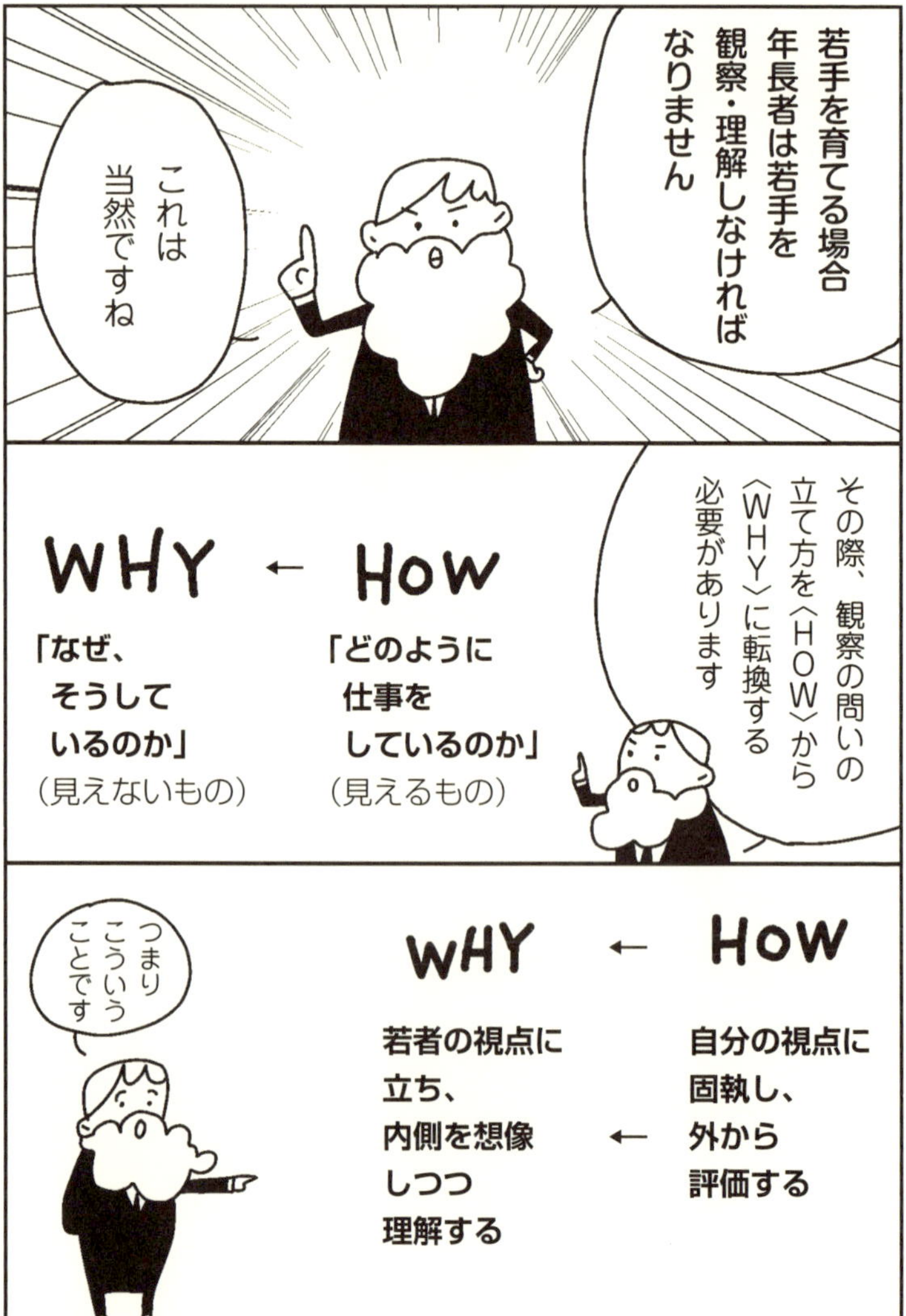
若手を育てる場合年長者は若手を観察・理解しなければなりません
これは当然ですね
その際、観察の問いの立て方を〈HOW〉から〈WHY〉に転換する必要があります
WHY ← HOW
「なぜ、そうしているのか」（見えないもの）
「どのように仕事をしているのか」（見えるもの）
つまりこういうことです
WHY ← HOW
若者の視点に立ち、内側を想像しつつ理解する
←
自分の視点に固執し、外から評価する

例えば事務処理の遅い2人の若者がいるとして——
もた
もた
PC
〈WHY〉を観察すると以下のようだったとします
のろ
のろ
PC
Ⓐ細かいところにこだわりすぎて、なかなか完成しない
う〜ん ここの表を もっと 見やすく…
PC
Ⓑ「事務処理なんて…」と感じ、意欲がもてない
ぼーー
やる気が しな いわ
Ⓐには仕事の優先順位を教え——
こっちの仕事
あっちの仕事
Ⓑには一つ一つの事務の教育活動における意義を教えます
事務も 大切なん だよ!
ビシッ

2 〈HOWの問い〉と〈WHYの問い〉

「若手を育てる」という場合、年長者は若手を観察しなければなりません。その若手を理解している年長者がする指導・助言と、理解していない年長者がするそれとでは機能度が大きく変わりますから言うまでもないことです。

しかし、若手を理解するという場合、多くの人はその若手がどのように動いているかを見ます。あいつはこのように動いている、だからあれが足りない。あの子はこんなふうに働いている、だからこういう指導が必要だ。こんなふうに人を評価します。でも、このように人を評価すると、年長者はどうしても自分の評価基準に照らして他人を評価する悪弊に陥ってしまいます。その人がどのように動いているかを測る基準が、自分の理想イメージに照らしてどの程度かという発想をさせてしまうからです。実はそれでは、その若手を観察したことにはなりませんし、理解したことにもなりません。その若手を媒介にして、自分の評価基準を固めているに過ぎないからです。

若手を理解するには、なぜその若者はそのような仕事振りなのか、なぜその若者はそのような仕事に活き活きと取り組むのか、こうした視点で観察しなくてはなりません。要するに、自分には理解不能なその若者の傾向の理由、所以について考える、若者本位の観点でその若者を理解しようとする、そうした姿勢が必要です。この観点で観察したとき、初めて〈その若者を理解しようとする観察〉が始まるのです。

僕はこれを、観察の問いの立て方を「〈ＨＯＷ〉から〈ＷＨＹ〉に転換する」という言い方をしています。要するに、その若者が「どのようにしているか」を観点に観察するのではなく、その若者が「なぜそうしているのか」を観点にして観察するのです。このように問いの立て方を改めるだけで、自分の視点に固執して外から評価する在り方から、若者の視点に立って内側を想像しながら理解しようとする在り方へと、必然的に変わっていきます。余談ですが、この視点は生徒理解においても同じ効果を発揮します。

なぜ、〈ＷＨＹ〉と問うだけでこんな違いが出てくるのでしょうか。それは、〈なぜ〉という問いが見えないものをよく見てみようという姿勢を生み出すからです。

よく考えてみましょう。〈ＨＯＷ〉という問い、つまり〈どのように〉という問いは、「どのようにしているか」「どのような仕事をしているか」という〈見えるもの〉に目を向けさせます。しかし、〈ＷＨＹ〉の問い、つまり〈なぜ〉という問いは、「なぜそんなことをしているのか」「なぜそんな仕事が好きなのか」という〈見えないもの〉に目を向けさせます。要するに、〈ＷＨＹ〉の問いはその若手教師のなかに潜在しているものを顕在化させる機能をもつ問いなのです。

子ども理解において「背景を理解することが大切だ」「その子個人の特性を理解することが大切だ」とよく言われます。背景や特性というものは、その子が「どのようにしているか」を見ているだけでは理解できません。その子が「なぜ」そんなことをしているのかを考えなくては理解できないのです。二人の子が授業中に立ち歩いているとして、「どのように立ち歩いているか」ということにはあまり差はありません。しかし、「なぜ立ち歩いているのか」と考えれば、二人の立ち歩きの背景が異なっていることに気づけるはずです。少なくともその違いの可能性に気づくことはできるはずです。そのそれぞれの背景に働きかけることによって、やっと立ち歩きの指導が機能し始めるのです。

若手の育成にも同じことが言えます。仕事の遅い二人の若者がいるとします。事務仕事が遅くて周りに迷惑をかけるという点では、現象的には同じです。しかし、一方は事務仕事なんて教師の仕事じゃないと感じていて意欲がもてず、ついつい事務を後回しにしてしまうためにいつも遅くなっています。ところがもう一方は事務仕事が割と好きで、あまりに細かいところにこだわりすぎてしまうが故になかなか完成しない、それが仕事が遅くなる要因かもしれないのです。現象的には同じく事務仕事が遅いという若者にこんな正反対の理由があったとしたら、「事務仕事は早くこなせ」という指導だけではなかなか効果が上がりません。前者には一つ一つの事務仕事が教育活動にとってどういう意義があるのかを教えなければならないでしょうし、後者には時間の使い方の優先順位を指導しなければならないでしょう。若者を〈ＨＯＷ〉で観察するか〈ＷＨＹ〉で観察するかによってこうした違いが出てくるのです。

もちろん、若手の育成は子どもを育てることとは違うと思われる方もいるでしょう。子どもは仕事の対象だけれど、若手教師は既に社会人であり給料をもらっているじゃないかと。確かにそう考えればその通りでしょう。しかし、背景を理解しようとせず、うわべだけで褒めたり、ミスをあげつらったりといった指導を施されてすくすくと育った若手を僕は見たことがありません。年長者はもう少し未来を担う若者に時間と労力を投資しても良いのではないでしょうか。

〈ＷＨＹの問い〉は、若手を観察するだけでなく、同僚をフォローしたり仕事上の意思決定をしたりするときにも役立ちます。同僚をフォローするとき、僕らは「どうしてあげたらいいかな」と考えます。意思決定をするときにも「どうしたらいいのか」とか「どっちがいいかな」と考えます。でも、「なぜ、その同僚にそのフォローが必要なのか」「なぜ、そのアイディアが選択すべき方法なのか」を考えることもなしに、フォローの手立てや意思決定の適否を考えるなんてナンセンスなのです。

3 〈最適基準〉と〈満足基準〉

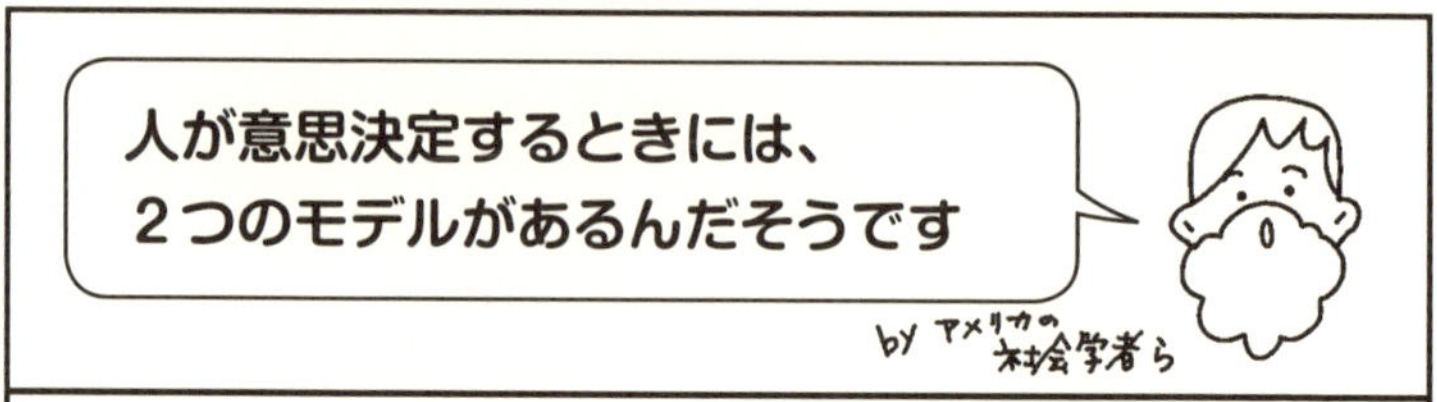

人が意思決定するときには、2つのモデルがあるんだそうです
by アメリカの社会学者ら

レストラン
お店

一方、目についた満足できるものを選ぶのが**「満足基準」**による意思決定

すべての可能性を洗い出したうえで最も ふさわしい手立てを取るのが**「最適基準」**による意思決定

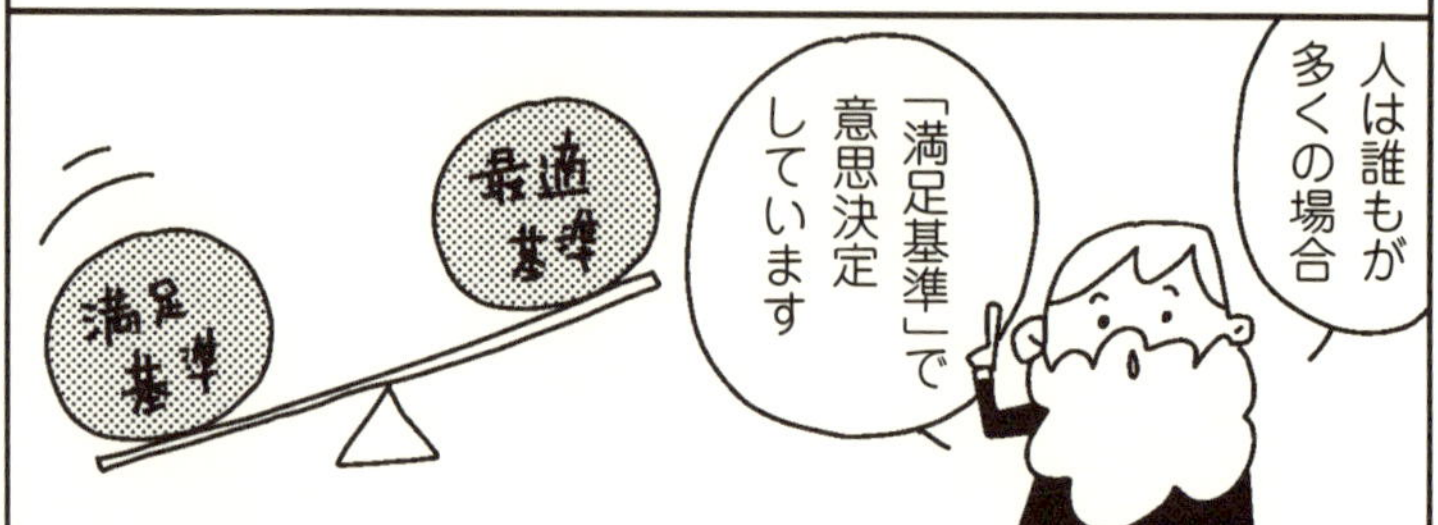

最適基準
満足基準
人は誰も多くの場合
「満足基準」で意思決定しています

ただ、能力の高い人間は〈満足基準〉で選んでいても〈最適基準〉に近い選択をし――
満足基準
最適基準
あるいは何もしていないように見えても〈最適解〉を探しながら日常生活を送っています
ぼー!!
はっ
こういうタイプには　あれこれ口出しをせず「立場」と「裁量権」を与え、仕事をまるごと預けてみましょう
はいっ!お任せください!
ばっ!
「放っておくこと」も若手育成として機能する場合があるのです
そーですか じゃ ボクは放っておいてください
君は10年早いけどね!
がくー

3 〈最適基準〉と〈満足基準〉

孫引きで恐縮なのですが（ほんとは全然恐縮してないけど）、アメリカの社会学者J・G・マーチとアメリカの認知心理学者H・A・サイモンという人が共著で『オーガニゼーションズ』という本を書いていて、そのなかに〈最適基準〉と〈満足基準〉という、人が意思決定するときのモデルが示されているということです。〈最適基準〉とはあらゆる選択肢のなかから最適なものを選ぶことであり、〈満足基準〉とは目についた満足できるものを選ぶことなのだそうです。人は多くの場合、意思決定において〈最適基準〉（仕事をするときにすべての可能性を洗い出したうえで最もふさわしい手立てを取るというような）で選択するのではなく、〈満足基準〉（呑みに行くのに何軒か店を覗いてみてここならまあいいかなと選ぶというような）で選択するというわけです。これを読んで言い得て妙だと深く感じ入った次第です（『がんばると迷惑な人』太田肇・新潮新書・二〇一四年一二月）。

人はだれもが多くの場合、〈満足基準〉で意思決定しています。それは能力の高い人でも能力の低い人でも変わりません。ただ一般に能力の高い人というのは、〈満足基準〉で選んでいる場合でも〈最適基準〉に近い選択肢を選択する、或いは周りからはなにもしていないように見えても〈最適解〉を探し出そうと思考しながら日常生活を送っている、そんなライフスタイルを常としています。

前任校の同僚に山根康広という非常に優秀な男性教師がいました。僕はその学校に六年間在籍しましたが、そのうち後半の四年間は彼と同じ学年に所属していました。最初の二年間にしても、僕は彼の学級の教科担任でしたから、彼の学級の生徒たちの育ちを目の当たりにしていました。この六年間はちょうど、山根先生が二十九歳から三十四歳になる六年間、つまりは若手教師から中堅教師へといたる六年間でした。

最後の二年間、山根先生は僕が学年主任を務める学年に所属していました。彼を観察していると、仕事の仕方が大雑把に見えたり、そんなにこだわらなくてもいいところに異様なこだわりを見せたり、時には感情的になって生徒や同僚と軋轢を起こしたりといったこともないではないのですが、少なくとも彼にまとまった仕事を預けると最終的には非常に完成度の高い仕事がなされます。彼は職員室でボーッとしていたり、夜遅くまで学校に残って結局はなにもしなかったり、そうかと思えば勤務時間終了と同時に退勤してパチンコ屋に行ったりと、安定感を欠く仕事振りに見えるのですが、結果的には質の高い仕事を仕上げるのです。彼の提案には無駄がなく、生徒たちによく機能する手立てが取られています。彼はおそらく、周りの人たちには仕事をしていないように見えるときにも、あちこちにアンテナを張り巡らせながら、〈最適解〉を探そうと考えているタイプなのです。

実は僕が学年主任を務めるこの学年はとても若い学年でした。学年主任の僕と副主任の女性こそ十年以上のキャリアがありましたが、三番手は九年目の山根先生です。全七学級だったのですが、あとは全員二十代。しかも、初めて担任をもつという教師が二名、二度目の担任という教師が二名いました。必然的に学年主任と副主任で若者たちを細かく指導しながら運営する学年団になります。

そんななかで、僕は山根先生に対してだけは、「放っておく」という手立てを取りました。能力の高い人間に上司があれこれ口を出すのはかえって逆効果です。その人間の創造力を蝕みます。僕は自分が同じタイプだからよくわかるのです。一つの仕事をちゃんとまるごと預けてくれ、裁量権も与えてくれて口を出されない、要するに任せてもらえる、こうしたときに最も力を発揮するという人間がいるのです。全体から見ると少数ですが、確かに存在するのです。僕の見立てでは全教員の2パーセント、五十人に一人といったところでしょうか。山根先生は確かにそのタイプでした。こういう教師は「放っておく」のが一番その能力を発揮します。自分なりの創造力で、周りが気づかないような〈最適解〉を開発します。「放っておくこと」もまた、若手育成として機能する場合があるのです。

山根先生はまだ若い先生でした。アラサーです。僕の前任校は大規模校で各学年が七学級から八学級。新採用でこの学校に赴任した先生でしたが、転勤すればおそらくは学年主任、最低でも副主任は任されるはずです。僕が彼に身につけさせなければならないのは、「学年全体に配慮する目」とも言うべきものでした。人の上に立つ心構えと言っても良いかもしれません。その意味で、彼に必要なのは〈立場〉でした。否が応にも全体に配慮しなければならない〈立場〉、その〈立場〉にさえ立てば、彼は自分の能力を発揮して全体がスムーズに運営されるような自分なりの〈最適解〉を開発するはずなのです。

僕は一年で学年主任を降りることにしました。副主任が学年主任に、そして山根先生が副主任になるように校内人事を画策しました。彼はこちらが驚くほどに学年全体に配慮しながら、しかも学年主任を立てながら学年運営をリードしました。やはり僕の予想通り、山根先生は〈立場〉さえ与えればその〈立場〉を全うする教師だったのです。僕はその年もその学年に所属していたのですが、学年運営の中心からは少しずつ引いていきました。もう僕の学年ではなく、新しい学年主任と山根先生の学年なのです。

僕はこれまで、学年主任として延べ三十数人の教師を従えてきた（ちょっと言葉が悪いですが）経緯があります。でも、「放っておく」という手立てを採ったのは山根先生だけです。彼が今後、僕なんかには想像もできないような大きな教師になっていくのを、僕は教師生活最後の十年の大きな楽しみの一つにしています。

4 〈制度のなかの慎ましさ〉と〈制度を超えるものとの出逢い〉

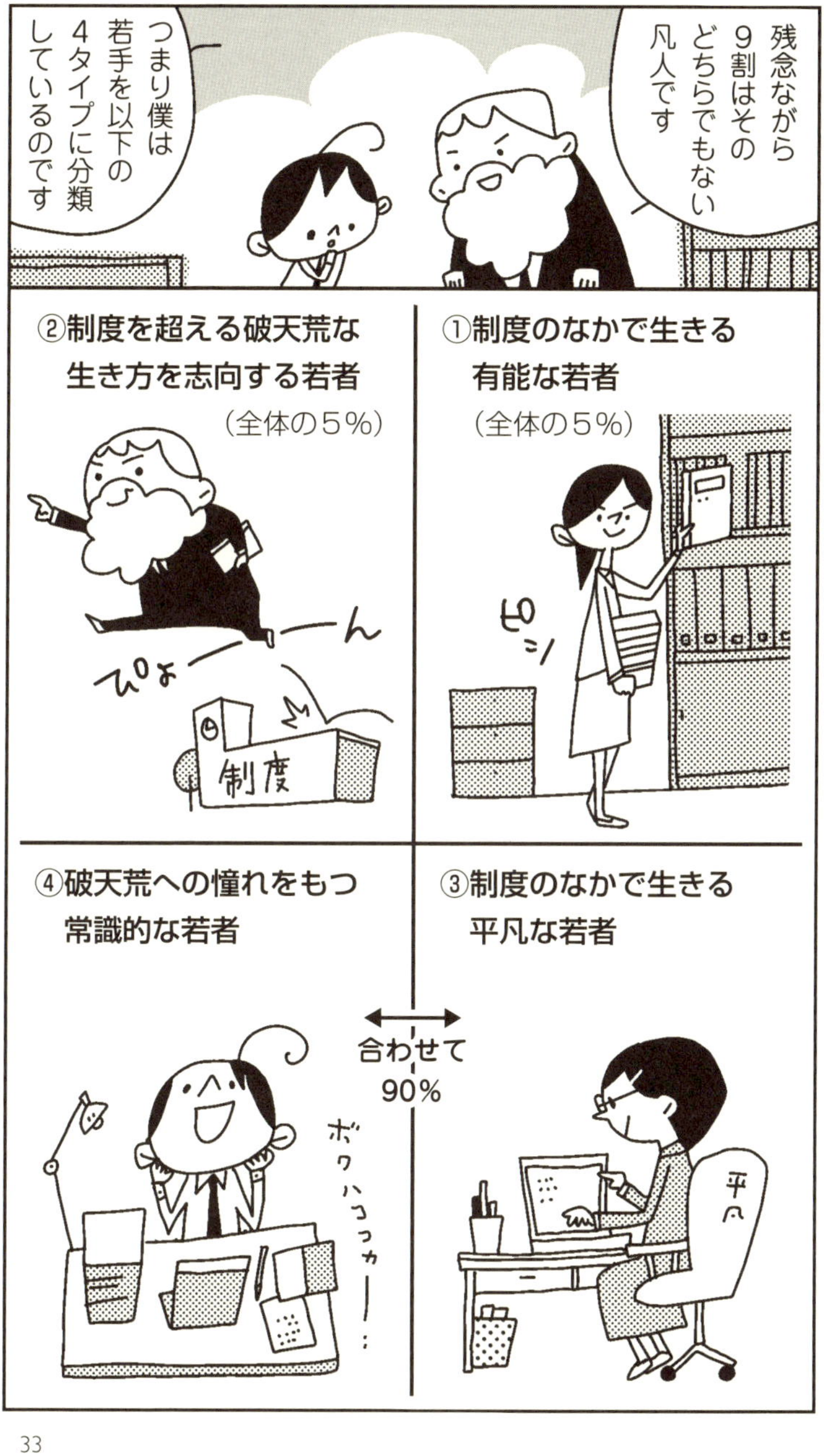

残念ながら9割はそのどちらでもない凡人です
つまり僕は若手を以下の4タイプに分類しているのです
①制度のなかで生きる有能な若者
（全体の５％）
ピシ
②制度を超える破天荒な生き方を志向する若者
（全体の５％）
ぴょーーーん
制度
③制度のなかで生きる平凡な若者
平凡
④破天荒への憧れをもつ常識的な若者
ボクハココカーー!!
合わせて90%

4 〈制度のなかの慎ましさ〉と〈制度を超えるものとの出逢い〉

世の中には二種類の人間がいます。制度に逆らわず、制度のなかで慎ましく生きることこそを美徳と考える者と、制度をものともせず、制度を超えるものと出逢うことこそを美徳と考える者と……。僕は明らかに後者です。

若者と出会うとき、特にその若者が自分の下で働くことになったとき、僕はその若者がどちらのタイプなのかをまず考えるようにしています。僕は基本的に、制度なんてものは人間を束縛するくだらないものだという人生観をもっています。僕の同僚たちも僕に受け持たれた生徒たちも僕を「自由人」と呼称しますから、僕は自分が考えている以上に、周りから見てかなり自分勝手で周りの人たちや組織の利益に配慮しない、そういうタイプの人間なのだろうと思います。

例えば、学年主任として学年の先生方に影響を与える立場になったとき、制度を超えるものと出逢うことを美徳と考える若者に影響を与えることは構わないのかもしれませんが、制度のなかで慎ましく生きることを美徳と考える若者に影響を与えすぎてしまってはその若者の人生を変えてしまいかねません。後者のタイプで有能な若者は将来、行政に入ったり地域の教育を担う中心校に赴任したりする可能性があります。僕のように行政からにらまれることも少なくない人間と近しいイメージができ上がってしまうことは、その若者の将来にマイナスに作用しかねないわけです。僕は最近、仲の良い同僚に原稿を頼んで編著書をつくることも少なくないのですが、こうした若者には原稿を依頼しないことにしています。僕の編著書にそうした若者の名前がクレジットされることを快く思わないお偉方が必ずいるだろうからです。

それに対して、制度を超えるものに出逢うことを美徳と感じる若者、要するに破天荒な若者と接するときは僕としては気が楽です。そうした若者とは気も合いますから、一緒に呑みに行く機会も増えます。もちろん、編著書の原稿も次々に依頼することになります。どうせ制度のなかで生きようとしていない者、ルートに乗る可能性が皆無の若者なわけですから、僕としても余計な気遣いが不要になるのです。

ここまでを読んで、「へぇ。自分はどっちのタイプだろう…」なんて考えている読者がおられるかもしれません。しかし、多くの若者はこのどちらにも入らないというのがほんとうのところです。若手教師が百人いれば、制度のなかで生きる有能な若者が五人、制度を超える破天荒な生き方を志向する若者が五人といったところでしょうか。両者はどちらも有能な常識人、有能な常識逸脱人なわけです。そんな若者がそうそういるわけもありません。

多くの若者はそのどちらでもない、平凡な常識人です。自分は自由人であり、破天荒なところがあると自己認識している場合は確かにありますが、そういう人の多くはなにかちょっとした逆境に立つとすぐに常識的な判断しかできなくなってしまうものです。それはあくまでも、平凡な常識人に過ぎません。そういう若者に対しては、僕はきちんとした学級経営や段取りを踏んでの生徒指導、事務仕事の大切さなどをしっかりと教えることにしています。

また逆に、制度のなかで慎ましく生きることを旨としている平凡な若者には、やんちゃな生徒や不登校生徒、口うるさい保護者との付き合い方について、現実に起こった一つ一つの事例をもとに語っていきます。子どもが臍を曲げたり、保護者が教師の言葉を曲解したりするのは、どのような感情の働きによるものなのかということを、オン・ザ・ジョブ・トレーニングで機会あるごとに指導していきます。

つまり、僕は①制度のなかで生きる有能な若者、②制度を超える破天荒な生き方を志向する若者、③破天荒への憧れをもつ常識的な若者、④制度のなかで生きる平凡な若者という四つのタイプに分類して若者を見ているということです。このなかで僕が長く付き合うのは②のタイプの若者だけです。その他の若者たちとは、僕か、その若者か、どちらかが転勤して同僚関係が解消された時点で付き合いを断つことにしています。別にその若者を嫌いだとか、どうでも良いと思っているとか、そういうことではありません。僕という人間と長く付き合うことが、いろいろな要因でその若者のプラスにはならないと思っているからです。

教師生活において大きな働きをするのは、やはり有能な人間です。つまり、制度のなかで慎ましく生きることを美徳と感じる有能な５％と、制度を超えるものに出逢うことを美徳と考える自分をちゃんと自覚している根っから破天荒な５％と、です。前者にとっては僕は邪魔になる人間ですし、後者にとっては僕は親近感を抱く対象となる人間です。「若手を育てる」というとき、人の上に立つ者はこんなふうに自分の特性に合った付き合い方をしなくてはならないのではないか。僕はそう感じています。

ただし誤解して欲しくないのは、僕にとって、前者のなかにも心から可愛がった若者はたくさんいるのだということです。そして可愛がっているからこそ離れることを選択するということがあり得るのだということです。

自分が好きなタイプの若者、自分が買うタイプの若者、そういう若者とずっと付き合い続ける、そういう若者にずっと影響力をもち続ける、そういう人間は、実はその若者のことを真剣には考えていない人に僕には見えます。

5 〈自律したい私〉と〈承認されたい私〉

特に若い女性に接する場合には細やかな声かけとフォローを怠らずーー
最近授業はどう?
「いつも見ているよ」「安心していいよ」
呑みに行くか?
はい!
という姿勢を見せ続けることが大切です
ホリ先生と呑みに行くにはこの手か…
フフフ…
ボクももっと承認されたいです!
ずい
じーーー…
二日酔いなんだよ…今日はごめん
あぁぁ

5 〈自律したい私〉と〈承認されたい私〉

僕らの世代は他人から見られるということを「監視されている」と感じる傾向があります。例えば、校長が全学級の授業を見てまわっているのを見かけたとしましょう。四十代以上の先生方の多くは、「ああ、校長は先生方がどんな授業をしているか、自分の眼で点検してまわってるな……」と考えます。

でも、現在のアラフォー世代あたりからでしょうか、他人から見られることを「監視」とは受け取らなくなってきているのを感じます。年輩世代が他人から見られること、他人から監視されることを詮索だとか不信だとか感じて、「そんなにオレのこと信用できないのかよ！」と思うのに対して、若い世代は自分がだれからも見られていない、相手にされていないのではないか、と常に不安に感じているところがあります。ですから、上司や仲の良い人たちがちゃんと見ていてくれているということで安心する傾向があるのです。

僕は学年主任をしていたとき、初めて担任をもつという女性の先生がちゃんとやれているかどうかが不安で、毎日教室を覗いたり声をかけたりしていたときに、「堀先生にはいつでもちゃんと見てもらえているという安心感があります」と言われて驚いたことがあります。僕としてはあまりに頻繁に見に行ったり声をかけたりしているので、彼女が信頼されていないのではないかと落ち込むことを心配していました。或いは、うるさい学年主任だなあと思われることを心配してもいました。それがこの物言いです。自分の感覚とはずいぶんと違うことに心底驚いてしまったのでした。

ひと言付け加えておきますが、彼女の言葉は決してお世辞や皮肉ではありません。僕は彼女ととても仲が良く、二人で呑みに行くこともしょっちゅうでした。もちろん僕が一方的に呑みに連れ出していたわけではなく、彼女から誘われることも頻繁にありました。当時、僕が四十代の半ばで彼女は三十そこそこ。東北出身の彼女は僕を「札幌のお父さん」と慕ってくれていました。もしも彼女がお世辞や皮肉でこの言葉を言っていたのだとしたら、僕の世界観は音を立てて崩れてしまいます（笑）。

土井隆義が高野悦子や南条あやを引いてこんなことを言っています（『友だち地獄――「空気を読む」世代のサバイバル』ちくま新書・二〇〇八年三月）。ちなみに高野悦子は『二十歳の原点』（新潮社）で一斉を風靡した、一九六九年に自殺した全共闘世代の女性、南条あやは一九九九年に自殺し、後にそのウェブ日記が『卒業式まで死にません』（新潮社）として刊行された女性です。

実は、高野も南条も精神病院入院への憧れを抱いていました。しかし、その憧れの質が正反対なのです。高野は狂人になり精神病院に入院すれば、自分が精神的にまったく自由になるだろうと憧れます。これに対し、南条は度重なる自傷行為で自ら閉鎖病棟に任意入院した折、入院期間を「甘美な期間」と振り返り、精神病院を第二の故郷と呼びました。自分の治療に際して優しく接してくれる医者や看護師、看護実習生に対し、現実世界とは異なる、心を傷つけられる可能性のない安心感のある期間として、入院期間を「甘美な期間」と呼んだわけです。高野悦子と南条あやとの間には、約三十年の世代的な隔たりがありますが、この間の若者のメンタリティの変化を土井隆義は〈「自律したい私」から「承認されたい私」へ〉という言葉で的確に表現しています。

要するに、年輩者にとって他人からの視線が「監視」に感じられるのは、そのメンタリティの基本に「自律したい」という欲求があるからなのであり、若い世代にとって他人からの視線がそう見えないのは、他人から常に見られ気にしてもらえることが「承認されたい」という自らの欲求とストレートに呼応するからなのです。

仕事上で若い世代、特に女性に接するときには、年長者は「いつも見ているよ」「安心していいよ」という姿勢を見せ続けることが大切です。「承認してあげること」「褒めてあげること」「失敗しても責めないこと」とはよく言われるのですが、取ってつけたようにたまに褒めてもあまり意味はないのです。日常的に頻繁に関わり、支え、そうした前提があって初めて「承認されたい人」になれるのです。この〈頻繁に関わる〉〈常に支える〉という前提部分こそがとても大事なのであって、承認言葉や褒め言葉、決して責めない姿勢だけが独り歩きして機能するわけではありません。男性上司が自分よりも若い女性と接する場合には、このことを肝に銘ずる必要があります。

かつて、社会は若者に立ちはだかる壁でした。だから、若者はそれを越えなければならない、そういう時代が長く続いてきました。しかし、八十年代くらいからでしょうか、社会は若者にとって立ちはだかる壁ではなく、自分を活かす場へと変容を遂げました。子を育てる親も「早く独立しろ」「自律しろ」と言うのではなく、「あなたのやりたいことをやりなさい」と言うようになりました。学校の先生も「勉強しろ」「自律しろ」ではなく、「きみの個性を活かすんだよ」と言うようになりました。

こうしたなかで育った若い世代は、自分で自分自身を創る、何ものかになるということではなく、生まれもった生身の自分の良さを見つけ、その良さを磨かなければならないとプレッシャーをかけられながら育ったのです。年輩者が「自分は自分…」と思っていられるのは、実は社会がしっかりと基準を示してくれていたからこそだったのではないでしょうか。社会から「自分らしく生きなさい」というメッセージを投げ掛けられたとき、人はかえって「自分らしさ」を他者の承認に求めなくてはいられなくなるのかもしれません。

6 〈やりたいこと〉と〈やらなければならないこと〉

はぁ～…
バサ
バサ
〆切厳守
「やらなければならない仕事」のために——
はッ
「やりたい仕事」を犠牲にしてはいけないよ
!
本人が「一番やりたいこと」を視野の中心に据えたフォローをすべきなのです
バスケ部の顧問は君にしかできないんだから！
ありがとうございます！
なるほど～ボクが今一番
やりたいことは…
……呑みに行くか？
はいっ！

6 〈やりたいこと〉と〈やらなければならないこと〉

数年前のことです。僕は一学年七学級の学年主任でした。副主任は保健体育科の女性で、山崎由紀子先生というバスケットボールの指導者。とても良い一年間を過ごしました。

このまま三年間行くのだろうと思ってスタートした学年だったのですが、次の年、校内人事にちょっとした事情があって、僕は生徒指導主事になり、副主任の女性教師が二学年主任になりました。「自分は人の上に立つタイプじゃない」と言う彼女を僕が強引に説得して学年主任を引き受けてもらいました。「僕が支えるから」と言って。

二学年の一年が始まりました。僕らは二学年の旅行的行事に向けて、忙しい毎日を送っていました。新年度が始まってちょうど一ヶ月が経ったある土曜日の夜、九時半過ぎのことです。僕は学年主任の女性教師からメールをもらいました。その日はちょうどバスケットボール部の春季大会の日で、彼女はこの一ヶ月、慣れない学年主任の仕事とバスケットボール部の練習とをなんとか両立させてきたのでした。

主任 遅くにすみません…月曜の宿泊学習係案検討の際、総務係として私が提案しなければならないものってありますか?

堀　特にないよ。この週末は安心して自分のやりたいことに専念していい。これからは調整と判断が仕事になっていく。作んなきゃならない文書は市教委報告くらい。

主任　ありがとうございます。やっと一段落して大会に臨んだのに、今日また試合に負けてシード権なくしてしまいました。ハァ…。

堀　なんと…。

主任　上手くいかないものですね…。

堀　ちゃんと何が足りなかったのか分析することだね。自分に余裕がなくて部活に悲壮感が生まれてなかったかとかそういうレベルで。仕事も運動も愉しさと余裕を失うとうまくいかないことが多いからね。べつに最近のきみがそう見えるという意味じゃないよ。あくまで例え話の一つ。

（ここから具体的な生徒の話が続くので中略）

主任　この一ヶ月、仕事と部活と精一杯やってきたつもりです。でも今週疲れのピークでした…。何か伝わってしまったかなあ…。

堀　疲れのピークがいままで良かったんだよ。中体連前だったら目も当てられない。いまから修正すればいい。いま気づいて良かった。ポジティヴに考えよう！

主任　はい。ありがとうございます。この学年で初めてクラスにバスケット部の子がいるようになり話す機会が増え、プラス効果。

堀　前にも言ったけど、仕事や立場のやらなければならないことのためにやりたいことを犠牲にしてはいけない。そういう仕事は長続きしない。学年主任の仕事は僕らにもフォローできるけど、バスケットはフォローできない。きみにしかできない。そういうものは決して犠牲にしちゃいけない。

主任　よろしくお願いします。私はこの子達と心の底からバスケットがしたい。この二年間は私にとってバスケットの集大成だと考えています。

堀　うん。わかってる。大丈夫。ちゃんといいサイクルに戻る。来年の夏には今日という日を、あのときシード権を失ったことでチームが締まったと振り返られるようにする。それが目標。いまはまだ途中経過に過ぎない。修正できる。大丈夫。さっさと寝て前向きになるのがいい。

主任　ありがとうございます。努力します。おやすみなさい。（後略）

学年主任になって一ヶ月だから、彼女はまだ学年主任になりきれていない。おまけに去年の学年主任である僕が同じ学年に所属しているものだから、まだ副主任感覚が抜けていない。そんな時期のメールのやりとりでした。彼女の名誉のために言っておきますが、彼女はこの後、数ヶ月で学年主任としての風格を漂わせるようにまでなりました。僕が相談を受けたり愚痴を聞いたりということも夏頃にはほとんどなくなったほどです。

さて、自分の下の者になにか大きな仕事を頼むとか、なにか大きな役割を担ってもらうとかいうとき、上の者が心しなければならないことがあります。それは「本人の一番やりたいと思っていること」を奪わないということです。奪わないというよりも、その「一番やりたいこと」を十全にやらせてあげるということです。自分が頼んだ仕事、自分が担わせた役割によって、「一番やりたいこと」ができなくなってしまった……という思いを少しでも感じさせたら、それは頼んだ側、担わせた側の責任なのだということです。

下の者になにか仕事を頼んだり役割を担ってもらったりした場合、多くの上に立つ人たちはその頼んだ仕事自体、その担わせた役割自体をフォローすることが自分の責任だと感じる傾向があります。でも、違うのです。その人だってその仕事や役割の重要性くらいわかって引き受けているのです。一番の問題はその仕事や役割を担うことによって、自分がそれ以前から力を入れて取り組んでいたことに費やす時間と労力を奪われてしまうことなのです。頼んだ仕事や役割のフォローをしなくちゃと考えるのは、人の上に立つ者としてはまだまだ視野が狭いのだと言えます。

下の者に仕事や役割を担わせたら、本人が「一番やりたいこと」を視野の中心に据えてフォローをする。それこそが上に立つ者の懐の深さをつくり出すのです。

7 〈出会いのひねり〉と〈別れのけじめ〉

もう二度と
これまでのような
関係を築くことは
できません
親密さはあくまで
「仕事」を通した
ものだからです
だからこそ
別れには　けじめを
つけなければなりません
僕自身は送別会で
替え歌（P53～54参照）を
歌ったりしました
♪忘れて〜
くれるなぁ〜♪
うるる
うるる
しんみり
ううう

7 〈出会いのひねり〉と〈別れのけじめ〉

これも僕にとって四校目の勤務校になった北白石《きたしろいし》中学校（以下「北白」）でのこと。井本由佳という先生ととっても仲の良い四年間を過ごしたことがあります。彼女はみんなから「イモちゃん」と呼ばれていました。

イモちゃんはもう四十に手が届こうかという年齢なのに愛すべき独特のキャラクターでした。どこかちゃらんぽらんで、どこかヤンキー気質。生徒たちを甘やかしながらも、いつまでもどこまでも関わっていく。そんな女教師でした。僕とイモちゃんは北白に一緒に赴任し、彼女が北白に在籍していた四年間のうち、三年間が同じ学年でした。お互いに喫煙者ということもあって、いつも一緒に煙草を吸いながらいろんな話をしていました。北白は決して落ち着いた学校ではありませんでしたから、煙草を吸いながら話はいつまでも尽きませんでした（笑）。

そんなイモちゃんが担任として卒業生を送り出した三月、イモちゃんの幌東《こうとう》中学校への転勤が決まり、僕が送別会で感謝状を読み上げることになりました。僕は「名曲で綴る井本由佳」と題して、替え歌を歌うことにしました。

名曲で綴る井本由佳　その1　神田川

あなたはもう忘れたかしら…♪
いっしょに出ようねって言ったのに…♪

北白は落ち着かない学校です。馴染まない人は馴染まない学校です。だれもが早く出たがるという印象のある学校です。そうでありながらみんながそれを笑い話にしてしまって、とっても仲の良い職員室になってしまっている、そんな学校でした。職員室にはどこか昭和的な雰囲気があって呑み会も頻繁に行われます。僕もイモちゃんも北白に馴染み、北白が大好きでした。この替え歌（完全にそのままの歌詞で替え歌になっていませんが・笑）は、そんな北白の現状を逆手に取ったものです。

名曲で綴る井本由佳　その2　なごり雪

いま春が来てきみは気楽になった…♪
去年よりずっと気楽になった…♪

去年の春は二年生を終えて三年生に上がる時期。また一年間たいへんな思いをしながら過ごすことになるなと、僕らは明るい戦闘態勢を敷いていました。気持ちは明るいながらも、気分は毎日戦争になる、去年の春はそんな春だったのです。一年後、イモちゃんは落ち着いた学校への転勤が決まりました。この替え歌はそれを皮肉ったものです。

名曲で綴る井本由佳　その3　関白宣言

おまえを幌東に行かす前に言っておきたいことがある
かなり厳しい話もするがオレの本音を聞いておけ
Aのような子を抱え過ぎてはいけない　Bみたいな子を甘やかしてもいけない
Cはうまくさばけ　報告は怠るな（A・B・Cは生徒の名前）
できる範囲でかまわないから
学年会を混乱させてはいけない　スケべな話はほどほどにしろ
事務は素早くこなせ　メモはしっかり取れ
できる範囲でかまわないから
忘れてくれるな 仕事のできない女に給料を払える学校などないってことを
おまえにはおまえにしかできないこともあるから
それ以外は口出しせず黙って周りについてゆけ

「忘れてくれるな」からはみんなの手拍子。送別会は大盛り上がり。イモちゃんは号泣。一瞬イモちゃんを抱きしめようかとも思いましたが、イモちゃんは人妻。管理職もいるのでやめました（笑）。

さて、人とどう出会うかということと同じくらい、人とどう別れるかは大切です。しかし前者は大きく意識されるのに、後者は割と意識されていません。出会いはだれもがひとひねり工夫しようとするのですが、別れにはそれがないのが一般的です。あまりにも当然のようにそこにいた人なものですから、これまでのような親密な関係がこれからも続いていくような心持ちがしてしまうのです。でも、それは錯覚です。学校が離れてしまったら、もう二度とこれまでのような関係を築くことなどできません。同じ地域で教職を続けるわけですから今生の別れになることはまずありませんが、それでも関係は間違いなく薄くなります。たまに会って呑むこともあるかもしれませんが、次第に共通の話題がなくなっていきます。同僚というものは会話をしていても話題の八割は学校のこと。同じ仕事、同じ同僚、同じ生徒たちを話題としていたのです。それが関係を親密にしていたのです。

別れにはけじめをつけなくてはなりません。その人を大切に思っていればいるほど、ちゃんとけじめをつけなくてはならないのです。ふだんはしないようなことを、ふだんはしないような演出で、少しクサいくらいの演出を施してでもちゃんとお別れしなければならないものなのです。

ちなみにその後、イモちゃんは僕のサークル「研究集団ことのは」の副代表山下幸が学年主任を務める学年で元気に働いています。もう僕のことよりも山下くんのほうが頼りになると思っていることでしょう（笑）。

8 〈さきがけの思想〉と〈しんがりの思想〉

哲学者の鷲田清一さんによると、組織のリーダーには次の2つのタイプがあります
① 魁《さきがけ》型リーダー
自分の理想を見ながら、若者たちを背後に感じ、ぐいぐい引っ張りつつ進む
② 殿《しんがり》型リーダー
いつも笑顔でみんなの後ろ姿を眺め、取りこぼされる人がないようにする

「さきがけ型」は「自分の理想」が第一
実力のある人
ズンズン
ズンズンズン
子育て中
でも、→こんな先生方につらい思いをさせているかも…
「しんがり型」は「組織の機能度」が第一
仕事はサブリーダーに任せますが、責任はきちんと取ります
若いうちはみんな「さきがけ」型です。でも40代以降はどうでしょう?
理想
クマさんいいこと言うなあ…
?
逆境の組織に必要なのは「しんがり型」リーダーなのです
ささえー!

8 〈さきがけの思想〉と〈しんがりの思想〉

鷲田清一さんが『しんがりの思想――反リーダーシップ論』（角川新書・二〇一五年四月）という本のなかでこんな例を引いています。

あるいは、登山のパーティで最後尾を務めるひと。経験と判断力と体力にもっとも秀でたひとがその任に就くという。一番手が「しんがり」を務める。二番手は先頭に立つ。そしてもっとも経験と体力に劣る者が先頭の真後ろにつき、先頭はそのひとの息づかいや気配を背中でうかがいながら歩行のペースを決めるという。要は「しんがり」だけが隊列の全体を見ることができる。パーティの全員の後ろ姿を見ることができる。そして隊員がよろけたり脚を踏み外したりしたとき、間髪おかずに救助にあたる。

（一四五頁）

あなたは組織を率いるとき、先頭に立って山の頂《いただき》だけを見ながら、若者たちの気配を背後に感じて進むタイプでしょうか。それとも、みんなの最後尾から、遠くの頂とともに組織全員の後ろ姿を見ながら進むタイプでしょうか。ここでは、前者を〈魁型《さきがけ》のリーダー〉、後者を〈殿型《しんがり》のリーダー〉と呼びましょう。

〈魁型〉のリーダーは山の頂、つまり自分の仕事の〈理想〉を見ています。もちろん、組織の構成メンバーを気にはしているのですが、あくまでも背後にその気配を感じる程度です。自分のすぐそばに最も力量の低い部下を常に置いていろいろと指導・助言はするのですが、その優先順位はあくまでも仕事上の〈理想〉が第一です。また、長く伸びた人数の多いパーティにおいては、前を向いて先頭を歩く〈魁型〉のリーダーにはどうしても取りこぼしがあります。そんな取りこぼされた人たちが、必要以上にリーダーに対する心理的距離を感じたり、淋しい思いをしていたりということがあり得ます。そうした人たちがある程度の力量や経験をもっている人であればそれほどのマイナスはないのですが、そうした人たちに経験の浅い若者がいる場合には、魁リーダーの知らないところでその若者が迷ったり悩んだりする、リーダーとは距離があって相談できない、そんなことにもなります。それでも〈魁型リーダー〉の優先順位はあくまで自らの〈理想〉です。なかなかそうした状況に気づくことができません。

〈殿型〉のリーダーはルーティンワークを主導することはもちろん、日常的な仕事上の判断程度のことはサブリーダーに任せます。そういう度量をもっています。自分は常に最後尾に陣取り、みんなの後ろ姿を見ています。もちろん、ただ眺めているわけではありません。いつも笑顔でいながら、みんなの後ろ姿をしっかりと観察しているのです。ちょっとあっぷあっぷしている人がいたり、少々浮かない顔をしている人がいれば、さりげなく声をかけます。できるだけ組織から取りこぼされる人が出ないようにと観察しているわけです。また、ここは自分が出ないとおさまらないなというときには、即座に前面に出ることも怠りません。仕事の中心をサブリーダーに任せながらも、責任は自分が取るという意識は徹底してもっているのです。ただし、〈殿型リーダー〉が〈理想〉を見ていないということではありません。しかし、〈殿型リーダー〉の優先順位の一番は、〈理想〉以上に組織の〈機能度〉なのです。

いかがでしょうか。あなたは〈魁型のリーダー〉として若い教師に接しているでしょうか。それとも〈殿型のリーダー〉として接しているでしょうか。いいえ、若い教師ばかりではありません。あなたの率いる組織には数年後に退職を控えた年輩の先生だっているはずです。小さな子どもを育てているお母さん先生や、親の介護でたいへんな思いしながら仕事をしている先生だっているはずです。そんな先生方につらい思い、淋しい思いをさせてはいないでしょうか。自らの〈理想〉ばかりを追い求め、組織に取りこぼしを招いてはいないでしょうか。ちょっと立ち止まって、胸に手を当てて考えてみて欲しいのです。

職員室の組織を率いるときばかりではありません。僕はそもそも、教師の在り方自体に〈魁型教師〉と〈殿型教師〉がいるように感じています。あなたの学級経営は、あなたの

〈理想〉についていけなくて、学級の雰囲気に馴染めない自分を必要以上に責めてしまう、そんな子どもたちを生んではいないでしょうか。やはりちょっと立ち止まって、胸に手を当てて考えてみて欲しいのです。

僕は〈魁型教師〉が悪いと言っているわけではありません。若い頃はだれだって〈魁型教師〉です。むしろ若いうちは〈魁型〉で〈理想〉を語る教師のほうが好まれるくらいです。学年主任や某かのプロジェクトのリーダーだって、初めてその任を担わされたときには〈理想〉を追い求めて然るべきだとさえ感じます。人は、最初から〈殿〉になろうとして〈殿〉になるのではありません。経験を重ね、失敗を重ね、ときには人を傷つけ、ときには自分も傷つき、さまざまな悲しみを知り、それでも人の上に立つ立場を担わされたとき、人は少しずつ〈殿型〉に近づいていくのです。

仕事というものは調子の良い、勢いのあるときばかりではありません。勢いのあるとき、ノッているときには〈魁型〉リーダーほど心強いものはありません。組織をぐいぐい前に引っ張っていくのはやはり〈魁型〉のリーダーです。しかし、ひとたび組織が逆境に立ったとき、一歩引いて物事を見つめなければならなくなったとき、そうしたときには何より全体を見通し、自らの責任を自覚する、そんな〈殿型〉のリーダーが求められるのです。四十代になって〈魁〉オンリーだとしたら、それはちょっと心許ないと言えるでしょう。

9 〈過程が生むもの〉と〈結果がもたらすもの〉

こんなとき　無責任に「師弟関係」を結ぼうとしているのではないでしょうか?
よろしく!
師
弟
ホントはやだな…
つまり学校組織では左の図式は成り立ちません
①仲良くなる
②リーダーで良い仕事ができる
では、どうするのか?
まずは、「仕事上の成果を出す」ことです!
ばーーーん!
若手を育てるリーダーは年度当初に目立った「成果」を残さなければならないのです
そうか頑張るぞ!

9 〈過程が生むもの〉と〈結果がもたらすもの〉

新しい出会いがあると、人はまずその人と仲良くなろうとします。

例えば、本書は小学館の白石正明さんという編集者と僕という教育書ライターとが出会ったことによって成立しているわけですが、白石さんと僕は本をつくり始める以前に何度も酒を酌み交わし、何度か真夜中まで夜の街をはしごした経緯があります。いろんな話をし、信頼関係を築いたうえで、「さあ、本をつくろう」となったわけです。既に数冊の本づくりを一緒にしてきました。これからもこの関係は続いていくだろうと思われます。

実は、白石さんは僕以外の講師との打ち合わせのためにあるセミナーに参加しました。たまたまそのセミナーには僕も講師として末席にいたのですが、その打ち上げの席で意気投合し、連絡を取り合うようになりました。

いま、白石さんと僕とのエピソードを例に語りましたが、人と人との出会いというのはこういうものです。こうした出会いの経験はだれもがもっていますから、新年度に新しい職員室メンバーや新しい学年教師陣との出会いでも、僕らはその例に倣って「まずは呑み会でも開いて仲良くなろう」と発想します。

もちろん、呑み会が悪いわけではありません。しかし、例えば自分が学年主任になったとして、そこに若い教師が配属されたとしましょう。「まずは呑み会で腹を割って話し合い、仲良くなろう」という意識で関係が始まると、その後、その若者の仕事に対する意識やその若者の仕事に対する態度の一つ一つに対して、どうしても違和感を抱きやすくなってしまうものです。その若者はあなたが壮大な理想をもって学年運営をしようとしているのに対して、公務員という安定が欲しくて教職に就いたのかもしれません。或いは、あなたが教育の理想は人間形成だと感じているのに対して、その若者は学力形成こそが教育の神髄であると考え、あなたが大事にしている学校行事や部活動よりも授業づくりや実践研究が好きなのかもしれません。そうしたズレが少しずつ少しずつ、あなたとその若者との間に心の溝を広げていきます。その若者はあなたにとって、一緒に仕事をする同僚であるとともに、自分のもとで成長を期待する指導の対象でもありますから、こうした心の溝はチームとしての仕事に悪影響を与えます。「あいつはちょっと違うな…」などと感じて意識しないうちに距離を置いてしまう……なんてことにもなりがちです。

僕はこうした現象が起こるのは、最初の発想の仕方が間違っているからだと思います。冒頭に僕と白石さんのエピソードを紹介しましたが、僕にとって白石さんは自分のもとで成長を期待する指導の対象ではありません。白石さんにとっても、僕にライターとしての成長を期待することはあったとしても、僕をライターとして成長させてやろうというような指導の対象としては認識していないはずです。そもそも、白石さんは編集者として、既に著書をもち、それなりの売り上げを示している僕というライターの実績をもともと知っていたのであり、出会った時点で知らなかったのは人となりだけなのです。僕のほうも白石さんに対して小学館という出版社である教育雑誌を編集している人だという予備知識があったのであり、簡単に言うなら、新年度に初めて会う若手教師とはその前提の異なる出会いであったということが言えます。だからこそ、酒でも呑んでお互いに人となりを理解し合い、心情的な親しみを抱き合うだけですぐに仕事に入れるのです。

しかし、新年度に学年主任として率いるメンバーと出会うというのは、こうした出会いとは前提が異なるのです。あなたはその若手教師がどういう人物かを知りません。若手教師の側もあなたがどんな教師であるのか、どんな実績、業績を挙げているのかを、少なくとも実感的には理解していません。加えてあなたにとってその若者は指導の対象、若者にとってあなたは気を遣わなければならない上司にあたるわけですから、どうしても陰に陽に上下関係が見え隠れします。

確かにあなたは酒席において、その若者に優しく期待を語り、困ったときにはいくらでも相談に乗るよと言ったかもしれません。しかし、それは、「まず酒でも呑んで仲良くなろう」ではなく、実は無意識のうちに「まず酒でも呑んで師弟関係を結ぼう」としていたのではなかったでしょうか。敬意も抱いていない職場の上司に、「いきなり弟子になれ」と期待されたのでは、若者のほうも納得できるはずがありません。

人は仲が良くなったから一緒に良い仕事ができるのだと思いがちです。確かに、白石さんと僕のように、両者ともにそれなりの実績をもっている者同士ならそういうこともあるでしょう。しかし、職員室や学年教師メンバーのような上下関係のある複数人の集団においては、仲が良くなったからツーカーで良い仕事ができるようになる、という順番で人間関係は成立しないのです。それ以前に、まずは「仕事上の結果を出す」ことが必要なのです。その仕事上の成果に自分も一人のメンバーとして貢献しているという思いが、人を仲良くさせるのです。順番が違うのです。結果によって人々は仲良くなるのです。

まずは仕事上の成果が出る。その成果は明らかにリーダーあっての成果だ。この組織はこのリーダーを中心に良い仕事をしている。自分もその仕事に貢献している。自分がもっと頑張れば、この組織の仕事はもっと良い仕事になっていくに違いない。若者にこういう思いを抱かせなければ何も始まらないのです。

リーダーが若手を育てたいと思うならば、まずは年度当初に目立った「成果」を残さねばなりません。若手のみならず、人を巻き込んでいくためのキモはここにあるのです。

10 〈自分にできること〉と〈自分にはできないこと〉

〈自分にはできないこと〉を補完してくれる人こそが必要なのです
細かい書類のチェックは任せてください
ありがとう助かるなあ〜
生徒たちと一緒に毎日サッカーやバスケを楽しむことでは若手にはかないませんよね?
イテテ
先生ナイス…
そう考えればどんな若手でも愛せるようになりますよ!
君でさえもね!
エヘヘ…
わーい

10 〈自分にできること〉と〈自分にはできないこと〉

三度目の学年主任を任された折のことです。内々に学校長に呼ばれて「副主任にはだれが欲しい？」と訊かれました。「副主任についてだけは本人の了承が取れさえすれば希望を叶える」とも言われました。僕は迷わず、「山崎由紀子先生を」とお願いしました。「ほう。由紀子さんか…」と校長はちょっと驚いていました。由紀子先生は職員室で性格的に堅いというイメージをもたれていました。曲がったことが嫌いで、臨機応変の対応を苦手としているところもありました。僕は一度も当たったことはありませんでしたが、正直に言えば、人間関係にも軋轢がなかったわけではありません。学校長にしてみれば、僕の希望はちょっと意外な人選だったのでしょう。

でも、僕は確信していました。由紀子先生の教師としての「在り方」は、僕とコンビを組むと間違いなく機能すると。自分で言うのも何なのですが、僕はだらしない性格です。その瞬間瞬間に物事を判断して臨機応変に動くことは得手としていますが、一つのことを完徹するとか、決めたことを徹底するとかいうことを不得手としています。年度当初こそ生徒たちに厳しく当たりますが、人間関係ができてくるとついつい甘くなりがちでもあります。要するに、瞬発力型の人間であって持続力型の人間ではないわけです。その点、由紀子先生は決めたこと、決まったことは徹底して完遂するタイプです。実は僕はそれ以前に由紀子先生と同じ学年で二年間を過ごしていて、しかもそのうち一年間は彼女の学級の副担任でもあったのですが、彼女の仕事振りを見ていて、みんなの知らない彼女の長所をたくさん知っていました。彼女の女子生徒に対して引かない生徒指導の在り方も、僕の短所を補完してくれそうに感じられました。もしも彼女が堅すぎるというような面でなにかトラブルがあったとしても、それは自分が充分にフォローできるような気もしました。

結局、僕は校長に「由紀子先生をくれないなら、学年主任はやりません」と、ちょっと脅しをかけたりもしました。こうして彼女と学年主任・副主任として学年を組織し、とても良い一年間を過ごすことになったのは前にも述べた通りです。僕の確信は大当たりだったわけです。

自分が組織を率いる立場になると、多くの人は優秀な人材を集めようとします。自分の組織を楽に運営したいと考えるからです。例えば学年主任になったとしたら、ただただ力量の高い担任陣をできるだけ集めようとするわけです。「力量が高い担任」というのは、学級を荒らすことがなく、生徒指導が得意で、できれば若い教師のフォローもできる……そんな担任のことです。しかし、そんな教師など一つの学校に何人もいるものではありません。人事は「人の事」と書くくらいにそれぞれの思惑が錯綜するものです。力量の高い教師をたくさん希望したところで、希望通りに人材が集まるなどということはまずあり得ません。そんな現実が年度当初に禍恨を残すことさえあります。

僕はこうした発想は、そもそもの最初の段階から間違っていると考えています。リーダーは組織において、だれよりも働かなくてはなりません。楽をすることなどあり得ないのです。その覚悟がなくては、組織の長など引き受けてはいけないのです。

リーダーが自分が先頭を切って動くということを想定したとき、必要な人材とはいったいどのような人材でしょうか。それは一般的に言う優秀な人材ではありません。もう少し言うなら、〈自分にできること〉を同じようにできる人ではないのです。それよりも、〈自分にはできないこと〉を補完してくれる人、自分が不得手としていることを得手としている人、そういう人こそが自分にとっての人材なのです。組織をつくるときに最も効果的なのは、優秀な人材を集めることではありません。組織を構成する人間同士の「コラボレーションの機能度」を高めることを強く意識することなのです。

こう考えたとき、力量が低い、経験がないという若手がいることにも、必然的に大きな意義が出てきます。あなたはいま、自分が二十代のときよりも授業が上手くなっているはずです。学級経営も生徒指導も上手くなっているはずです。仕事は若い頃に比べてずいぶんと安定しているはずです。でも、あなたはいま、昼休みに生徒たちと一緒に、毎日、サッカーやバスケットボールに興じることができますか？　放課後に生徒たちと恋バナに花を咲かせることができますか？　自分が若かった頃に確かにできたはずのそれらのことが、仕事の安定感を得るのと引き換えにできなくなっているのではないでしょうか。そして、確かにいま仕事は安定しているけれど、若い頃に生徒たちと躰をぶつけ合って築いた関係や時間を忘れて語り合うことによって築いた関係の在り方を、いまはもう失っているのではないでしょうか。若い頃にできた教育の在り方、生徒たちとの人間関係の築き方を、いまはもう失っているのではないでしょうか。

どんなに力量が低いと思われる若手教師であっても、どんなに経験の浅い若手教師であっても、その教師はいまあなたにはできない若さ故の教育の在り方、人間関係の築き方ができるのです。そういう人間が自分の率いる組織にいるのといないのとではどれだけ教育効果が異なるか、ちょっと想像力を働かせて考えてみて欲しいのです。ときに頼りないと感じさせる若者たちが、〈自分にはできないこと〉を補完してくれる大きな戦力、大きな人材に見えてきはしないでしょうか。

あなたの組織の「コラボレーションの機能度」を高めるために、若手教師は必要なのです。この観点をもつならば、どんな若手教師も愛することができるようになります。

次章からは　いよいよ
具体的な場面に沿った
「言葉がけ」の例を
紹介します
一ページにつき
一つずつの
「言葉」を紹介しています
お好きなページから
お読みください

第二章

若手を育てる100の言葉がけ

1 かまえる

教師にとって必要な資質を、僕は五つあると考えています。第一にいつも笑顔でいること。第二に孤独に耐える力をもつこと。第三に無駄と思われることでも継続的に取り組むことができること。第四に子どもたちと馬鹿げた意味のないことでともに遊べること、第五に常に変化を求め、いまを壊し、新しい自分になるのを怖れないこと。これが僕の信条と言えば信条と言える、教職にとって必要な構えだと考えています。

こう考えていますから、僕は教師の「構え」として、手を替え品を換えてこの五つを若手教師に伝えています。若手たちは割とこの五つの必要性を理解します。ただし、ほんとうに心から理解し、躰に染み込むほど実感するには、どれも十年、二十年という歳月を要する困難な「構え」ばかりです。頭で理解することと、それが身につくこととの間には天と地ほどの距離があります。

とはいえ、若手教師への「言葉がけ」の例として、まずはこの五つの「構え」を紹介するところから始めるのが、僕の若手育成をご理解いただくためには一番良いだろうと思うのです。僕という教師が若手を育てるうえで、さまざまな場面で繰り返し繰り返し指導し続ける五点ですから。

教師に必要な5つの資質

①いつも笑顔でいること

②孤独に耐える力を
もつこと

③無駄だと思えることでも
継続的に取り組めること

④子どもたちと
馬鹿げたことで
ともに遊べること

⑤常にいまを壊し、
新しい自分になるのを
怖れないこと

1 教師がいつも笑顔でいることだな…

「堀先生、教師にとって一番大切なことを一つだけ挙げるとしたら何ですか?」

春休み中。年度当初の会議の連続。一緒に昼食をとりに行った若者からこう訊かれた。

「ああ、それは、いつも笑顔でいることだな……」

「子どもたちに安心感を与えるためですね」

「いや、違う。そのほうが教育効果が高まるからさ」

「どういうことですか?」

「教師ってのは、どうしても子どもたちにとって、学校生活を送るうえでのモデルになるもんだ。この先生みたいになりたい! とかっていう大袈裟なもんじゃなくて、当然のように毎日そこにいる人だから、無意識的にモデルになっちまうんだな。ほら、親ってのは、別に親みたいになりたいって強く思ってなくても似ちゃうもんじゃん。それと同じだよ」

「なるほど……」

「子どもたちにいつも笑顔でいて欲しかったら、教師がいつも笑顔でいなくちゃならんだろうな……」

2 子どもたちが自分に寄ってくるかだな…

この若者との話は続く。

「自分が笑顔でいられているかどうかって、自分ではわかりませんよね。どうやったら自分でわかるんですか？」

「ああ、それは簡単だよ。休み時間に廊下歩いてるだろ？　ちょっと早足で歩いてみるといい。そのときに、子どもたちが自分に寄ってくるかどうかを見てみる。早足で歩く自分を立ち止まらせてまで話しかけてくる子がどのくらいいるか。ある程度いるようなら、自分は笑顔でいられてるなと思っていい」

「なるほど。そんなもんですかね」

「休み時間に廊下のベンチに座ってみるのもいい。自分が笑顔でいられている教師なら、生徒たちが横に座って話しかけてくる。そういう場で笑顔で、意味もない、くだらない会話をする。いじったりいじられたりしながら、子どもたちと一緒にはじけるように笑い合えるか。まあ、それが評価規準だな」

僕は教師の日常的な在り方がこういうところに出ると感じている。

3 学校の先生くらい、仲良く上機嫌でいてあげたいじゃないか…

「ほんとに堀先生って馬鹿なことばっかり言ってますね（笑）。いいんですか？　生徒の前でそんな馬鹿話ばっかりして」

休み時間。隣の学級の女性担任と談笑していた折、彼女は大笑いしながらこう言った。

「いいに決まってるじゃん。仲良く楽しそうに過ごしている大人たちが近くにいる。これ以上に教育効果の高い教育方法はないいんだぜ！」

一瞬で彼女の表情が引き締まる。

「どういうことですか？」

「なんか最近、大人に元気がない。みんな不機嫌な顔してる。不景気になってから二十年以上、ずーっとそうだ。学校の先生くらい、子どもたちの周りで仲良く上機嫌でいてあげたいじゃないか。ああ、大人になっても笑顔で楽しく過ごせるんだな…、仕事ってそういうものなんだな…って思わせてあげたいじゃないか」

実は彼女は笑顔でいることを苦手としている教師だった。これをきっかけに彼女の笑顔への挑戦が始まった。

4 トラブルやハプニングさえ楽しむ余裕をもちたいものだね…

「子どもたちの前でいつも笑顔でいられるかどうかを基準にして、一度、自分の生活を点検してみることが大切だな……」

その女性教師があくまで仕事として笑顔をつくろうとしているのを感じて僕は言った。

「笑顔でいられないのは、仕事が滞っているからかもしれない。睡眠時間が足りないのかもしれないし、昨日友達や彼氏と喧嘩したせいかもしれない。生徒指導や学級経営がうまくいっていなくて、普通の精神状態で子どもたちの前に立てないのかもしれない」

女性教師はうなずきながら聞いている。

「でも、オレに言わせれば考える順番が逆なんだ。そういううまくいかないことの八割か九割は、自分が笑顔でいられないから起こってるんだ。笑顔でいられないような精神状態だから眠れないし、そんなんだから喧嘩にもなる。笑顔でいられないような精神状態だから仕事は滞るし、子どもたちとの関係もうまくいかなくなるんだ。子どもなんてトラブル起こしてあたりまえ、学級なんてハプニングが起こってあたりまえなんだから、そんなトラブルやハプニングさえ楽しむ余裕をもちたいものだね」

5 教師ってのは孤独に耐えられてナンボなんだよ…

些細なことから男子生徒同士の喧嘩が発生。担任が割って入り、なんとかその場は収拾した。それから担任が二人を教育相談室に連れて行って指導に入った。

ところが、一方の生徒から担任が責められたと言う。

「先生はAに甘い！　差別だ！」

こう言われたと言う。実はAくんは医療機関から診断を受けている支援を要する子なのだ。それを知っている担任は無意識のうちにAくんに理解を示す話し方になる。それを知らない当事者の生徒には、担任がAに甘く、差別的な指導をしているように見える。保護者の意向で、Aくんの障がいは学級の生徒たちに周知しないということになっている。

「まったく！　どうしろって言うんすかねえ！」

差別教師と言われた若い担任はおさまらない。よほど悔しかったのだろう。

「仕方ないじゃん。周知したいって保護者を説得するか？　それがAにとってプラスになるって確信あるか？　それとも今回の喧嘩の相手にだけほんとのことを話すか？　どっちもできないだろ？　教師ってのは孤独に耐えられてナンボなんだよ」

⑥ 教師って仕事は子どもに好かれるためにあるもんじゃない…

「スカート丈とか頭髪とかって、なんのために指導するんでしょうねえ。スカートの長さや髪型なんて個人の自由って感じがするんですけどね」

生徒たちへの身だしなみの指導が甘くなりがちな若手教師が言った。

「オレたちがその手の指導に厳しいことに批判的なわけだな…（笑）」

「いえ。そういうわけじゃあ…」

「じゃあ、それを職員会議で言えよ。おまえは年度当初の職員会議でなにも言わなかったじゃないか。だからやらなきゃいけないんだよ。ほんとにそう思うんなら、会議で提案して、先生方を説得して、ちゃんと身だしなみ指導を甘くするっていう提案を通すんだな」

「……」

「おまえは先生方に嫌われたくないから、馬鹿なヤツだと思われたくないから、職員会議ではみんなの意向に逆らわない。なのに子どもらにも嫌われたくないから、そんなこと言ってる。別に教師って仕事は子どもに好かれるためにあるわけじゃない。子どもを真っ当に育てるためにあるんだ。まずは自分を守ろうという汚い根性を捨てることだな」

7 おまえの自己実現なんて二の次なんだ…

「こんなことをするために教師になったわけじゃない……」

荒れる学校。生徒指導に追われる毎日。若手教師からついつい出た愚痴である。気持ちはわからないでもない。というよりも、痛いほどわかる。でも、こういう思いでいる若者をそのままにしておくわけにもいかない。ただ慰めるわけにもいかない。

「気持ちはわからないでもないが、これは仕事なんだ。仕事ってのは自己実現のためにあるんじゃないんだ。仕事がうまくいったとき、満足できる結果が出たとき、成果があがったとき、その仕事の成功を通じて自己実現できる……。そういう順番なんだ」

若者は黙って聞いていた。

「結果が出ていないこの状態では、悪いけど、おまえの自己実現なんて二の次なんだ…」

教師は自己実現するために給料をもらっているわけではない。給料の対象はあくまで子どもたちを成長させることである。でも、うまくいっていないときほど、自分の思いが大きく頭をもたげてくるのは人間の性《さが》だ。しかし、教師は、こうした逆境のなかで踏ん張ってこそ、一段レベルの高い自己実現に到達し得るのである。

8 一年後のおまえはきっとこの件を笑い話にしているよ…

初めて一年生を担任した若手教師。彼には二・三年生の担任の経験しかない。この若者が年度開始早々、思わぬ軽口で保護者からクレームをもらってしまった。担任する女の子に対して、つい先日卒業させたその子の兄と比較するような発言をしてしまったのだ。きっとこの若者にとっては愛着を込めての発言だったに違いない。

しかし、当の本人にとっては、「お兄ちゃんと比較されたこと」がショックだったようで、保護者からの連絡を受け、その若者は謝罪のために、教頭とともに家庭訪問に行くことになった。

次の日、彼はひどく落ち込んでいた。こんな予想外のことでクレームを受けるのでは、この仕事が怖くなってしまった、というのである。

「まあ、それが一年生だよ。まだ、中学生になっていない。だから、大人の軽口を真正面から受け止めてしまう。大丈夫。その子も半年も経てば、ちゃんと中学生になる。大人に近づいていく。いい経験をしたと思えばいい。オレの経験から言って、間違いなく、一年後のおまえはこの件を笑い話にしているよ」

9 無駄なんてないんだ。ただ、結果が見えづらい仕事なんだ…

「あんな子に指導しても無駄ですよね！　もう関わるのもイヤだわ！」

ものすごい剣幕の女性教師。生徒が指導に従わなかったのだろう。だれもが経験することでもあるから、指導がうまくいかなかったこと自体は仕方がない面もある。でも、「あんな子に指導しても無駄ですよね」という言葉は聞き捨てならない。

「気持ちはわからないでもないけど、まあ、落ち着こうよ。いま、珈琲いれるから」

僕は自分と彼女のマグカップに珈琲をそそいだ。

「教師の指導に無駄なんてないんだ。ただ、結果が見えづらい仕事なんだ。いま施した指導の結果がいま出て欲しい。その気持ちはわかる。でも、そういう発想は費用対効果の発想だ。結果が出るならやる、出ないならやらない……。そのときの指導には従わなかったけれど、半年後に落ち着きを見せた、なんていう生徒はたくさんいる。その要因としてそのときの指導が関係なかったとだれが言える？　指導を続けた場合と諦めてやめてしまった場合、どっちがその生徒が落ち着いていく可能性が高い？　成果が出るのは半年後かもしれないし、卒業後かもしれない。僕らの仕事はそういう仕事なんだ」

10 僕は生徒に甘いの。自分にはもっと甘いの…

「今日、あの子、また人の悪口言ったんです。この間、泣きながら反省したのに」

ぷんぷんの女性教師。

「授業道具もいっつも忘れて。指導しても二、三回しかもたないんです。一週間も経たないうちに、また忘れるんです。ほんっと学習能力ないんだから！」

「まあまあ、そう怒んなさんな。オレなんか、いっつも人の悪口言ってるなあ…（笑）。授業に忘れ物して、職員室に取りに来るのもしょっちゅうだし……（笑）」

「それとは違いますよ。あの子は確信犯なんです！」

「そうかなあ…。だって、説教したら二、三回は持ってくるんでしょ？　先生に叱られないように道具持って来なきゃって、頑張ったんじゃないの？」

「堀先生、言ってることはわかりますが、甘くないですか？」

「そっ。僕は生徒に甘いの。そして、自分にはもっと甘いの（笑）。オレが授業に行くたびに、『忘れ物ありませんか』って指導してくれない？　しつこくしつこく…」

「わかりました（笑）。生徒にちゃんと指導し続けます。そういうことですよね（笑）」

11 そういう無駄が生活に潤いをもたらしてるかもしれないじゃん…

「なんかあの子、意味のない、無駄なことばっかりやってんですよねえ。なんかヘンなんじゃないかなあ……」

僕の学年の若者が言った。

「おまえさあ、休みの日に午前中いっぱい寝てることない？」

「あります」

「おまえさあ、見るつもりなかったのについつい興味のない番組見ちゃったことない？」

「あります」

「おまえさあ、結局使わないもん、高い金払って買っちゃったことない？」

「あります」

「ぜ～んぶ、意味のない、無駄なことばっかりじゃねえか。でも、それがないと生きていけないだろ。おまえだって、ヘンじゃん。でも、生活に潤いもたせてんのは、そういう無駄だろ？　その子だって、その子のそういう無駄が生活に潤いをもたらしてるかもしれないじゃん」

12 無駄を愉しめるようになったら一人前だな…

五・六校時の二時間予定の生徒総会が予定より早く終わり、六校時が三十分ほど余ってしまった。保護者に放課時間を連絡している以上、早く帰すわけにもいかないという教務の判断で、急遽、教室に戻って三十分ほどの学活の時間が設けられた。

経験数年の若手担任が言った。

「この時間、無駄ですよね。別にやることもないし……。なんで早く帰さないんですかねえ……。うちの教務も固いなあ……」

僕は応えた。

「まあ、いいじゃん。生徒たちとおしゃべりしてれば三十分くらいすぐに経つさ」

「そりゃそうかもしれないですけど……。でも、早く放課すれば仕事も進むわけですし」

「そんなに急ぎの仕事あんの？」

「いやあ、そういうわけじゃないんですけど。堀先生は気にならないんですか？」

「オレは生徒たちとおしゃべりするのはそれほど苦にならないかな。まあ、無駄を愉しめるようにならないと、一人前の社会人にはなれないってこった（笑）」

13 意味のないことも、続けることで意味をもつんだよ…

合唱コンクールの練習。僕の学級の曲は「ＣＯＳＭＯＳ」だった。一年生である。

男子生徒を廊下に集めて音取りをさせる。ＣＤデッキを中央に置いて、周りを囲むように円をつくる。大音量で流した曲に合わせてみんなで歌う。それだけだ。「右向け右！」と僕が言うと、生徒たちは一斉に右を向いて歌う。「ぜんた〜い進め！」の合図で、曲の拍子に合わせてクルクルとまわりながら歌い始める。「よし！　廊下を進め〜！」の合図で、僕を先頭に十七人の男子生徒が曲の拍子で歩きながら、廊下を進む。ふと気づくと、教室で練習していたはずの女子生徒たちも後ろをついてくる。ちょっとしたパレードである。

合唱練習三日目のことだ。この日から、廊下パレードが日課になった。

若手教師が訊いてきた。

「堀先生、あの廊下をみんなで歩いているのは何か意味あるんですか？」

僕は答えた。

「馬鹿だなあ。意味のないことも、続けることで意味をもつんだよ…」

その後、あまりに楽しくて、学級の歌がどんどん上手くなっていった。

14 教師が真面目すぎるからうまくいかないことっていっぱいあるんだよ…

生徒が廊下で追いかけっこをしているのを見て注意した若い女性教師。生徒たちは「なんでこの程度のことで、そんなに本気で怒るんだよ……」と不満げな様子。「なによ、その顔！　反省してないでしょ」と更に生徒たちを追い込んでしまった。

指導のあと、「どうしてこんなふうになっちゃうんだろう…」と落ち込んでいる。

「子どもの頃、廊下で追いかけっこしたことある？」

「……。あるかなあ。うーん。記憶にありません」

「じゃあさ、その子たちが追いかけっこしながら楽しんでる気持ちはわかる？」

「そりゃ、あんなに大騒ぎしてるんだから楽しいんでしょうね」

「いや。そういう次元じゃなくてさ、実感としてわかるかってこと。追いかけっこやってるうちにどんどん気持ちが盛り上がってくる感じ……。同じ注意したり制止したりするにもさ、そういう気持ちを実感的に知っている人間が注意するのと、知らない人間が注意するのでは伝わり方が違うんだよね。そういうオーラを生徒たちも感じちゃうんだ。学校ではね、教師が真面目すぎるからうまくいかないことって、いっぱいあるんだよ……」

15 人は一緒に笑った分だけ仲良くなるんだ…

かつて、生徒になめられないようにと生徒たちの前でほとんど笑うことのない女性教師と同僚だったことがある。笑わない先生は、特に笑わない若い先生は、必要以上に生徒たちとのトラブルが起こる。生徒たちにしてみればその先生に馴染めず、どうしても心理的に距離ができてしまう。そこにちょっとした注意や指導が入ると、心ならずも軋轢が生じてしまうのだ。僕はお互いにとって不幸なことだと感じていた。

「どうして笑わないの?」

「前の学校でニコニコしてたら、ただのオネーちゃんだと思われて……。生徒たちになめられてしまったんです。だから、この学校では教師然とすることに決めたんです」

「そうか…。でもね、人ってのは、一緒に笑った分だけ仲良くなっていくもんなんだ。ほら、いまも付き合いのある学生時代の友達って、別になにか意味のあることを一緒にやったとか、特別に何か大きな出来事があったとか、そんなわけじゃないでしょ? でも、確実に言えることは、学生時代、その人とは毎日一緒に笑ってたんだよ。生徒たちとの関係も同じなんだ。どれだけ一緒に笑ったかが大切なんだ。もちろん、無意識的にだけどね」

16 人は楽しい雰囲気のなかで時間を忘れたときに最も成長するんだ…

「なんか楽しいこと、企画することだな」

なんとなく学級がしっくり来ない。学年の若い教師にそんな模糊とした相談を受けたとき、僕が応えたことばだ。

「楽しいことって、どんなことですか？」

「楽しいことは楽しいことさ。それ以上でも以下でもない。生徒たちが心から楽しめることさ。もう一つ大切なのは、おまえ自身も心から楽しめるってことかな……」

「レクとかですか？」

「だからあ…、オレが決めちゃ意味がないんだ。自分の頭で考えろ」

「そうなんですか…」

「人ってのはな、楽しい雰囲気のなかで時間を忘れて謳歌したときに最も成長するもんなんだ。自分では意識しないけどな。そういう時間が過ぎ去って、『ああ、楽しかったな』って振り返ったとき、自分がその時間のなかで成長していたことに気づく。そういうものなんだ。そして、そんな楽しさと成長の融合した時間を、人は充実って呼んでるんだ」

17 教師ってのは端的に言えば、子どもに「変われ」と言う職業なんだ…

若い教師に保護者からクレームが来た。先日の友達同士のトラブルにおいて、指導の在り方に納得できない、うちの息子が一人悪者にされて傷ついている、というのである。本人に話を聞くと、僕から見ても彼の指導には少々強引な面が見られたようだ。僕はその旨を彼に伝えた。しかし、彼は自分の正当性を主張した。

「言っていることはわかります。でも、納得できません。あの喧嘩は明らかにAくんが原因をつくっていました。やはりAくんが悪かったと思います」

「そうか。それで、今回の件、保護者にはなんと説明する？」

「それは…」と彼は口ごもる。

「今回、少なくとも子どもが納得せず、傷ついたって言っているのは確かだろ？　それはおまえが自分の正しさだけを主張して、その子の気持ちに配慮できなかった、指導をオトすことができなかったってことだ。教師ってのは端的に言えば、子どもに『変わること』を求める職業なんだ。おまえは変われ、でもオレは変わらない、そういう指導は、なかなか生徒にオチない。どんな子にも理解を示す姿勢だけは示さなくちゃ…」

18 やりたいことをやれないって面も出てくるからね…

第一章で紹介した山根くんを従えて、一年生の学年主任を務めたときの話です。

この学年は経験の浅い教師が多かったので、三年間をできるだけ混乱なく過ごしていくことを考えて、全学級のシステム（係組織や班構成、日直や当番の動き方など）を一致させた。学年が上がって学級編制が行われても、どの子も同じシステムで動けるようにとの若手中心の配慮だった。山根くんのような力量の高い教師にしてみれば、少々縛りのきつい学年運営である。

その一年が終わった頃、山根くんが言った。

「取り敢えず、今年はシステムってものがある程度大切だってことがわかりましたよ」

「ああ、それはありがたい話だな…。まあ、今回の措置は山根用ではないからな。若者たちを早く軌道に乗せるために採った措置で、ある程度の経験をもつ担任陣はその犠牲になっている面がある。やりたいことをやれないって面も出てくるからね」

「いえ、いい経験にもなっていますよ」

「まあ、その経験も生かして、今後、山根流を構築していってくれ」

19 きっと五年後のおまえはこう考えてるよ…

学級も授業もうまくいかない。生徒との関係がうまくいかない。保護者からのクレームも日常茶飯である。どこかで歯車が狂ってしまったのだ。去年まではそれなりにうまくやってきたのに……。それなりに自信ももっていたのに……。そんなプライドがよけいに自分を落ち込ませる。

そのとき、おそらくその若者はそんな心持ちだったのではないかと思う。

「毎日、いまできることを一つ一つ積み重ねていくことだな。それ以外にできることはない。絶対にやってはいけないのは諦めることだ。もしかしたら確かに今年度はこんな状態が三月まで続くのかもしれない。いま以上に苦しむこともあるのかもしれない。でもな、きっと五年後のおまえはこう考えてるよ。『ああ、あのときの、生徒たちとうまくいかなかった一年がいまの自分をつくっているな』『ああ、あの保護者からの執拗なクレームが僕を育ててくれたな』『ああ、あの経験で学級経営にも授業運営にも手を抜いちゃいけないんだってことを学んだな』『ああ、あれは結局、自分にとって必要な経験だったんだな』ってな。そういう五年後を見ながら、もう少し頑張ってみようや」

20 「死にたいな」って感じるようになったら、一目散に逃げるんだ…

「でもね、一つだけ例外がある」

　若者はここで目線を上げた。

「もしも、『死にたいな』って感じるようになったら、もう迷わず、一目散に逃げるんだ。休職していい。公務員ってなあ福利厚生がしっかりしてるから、一年や二年休んだってどうってことない。周りに迷惑かけるとか、生徒や保護者に無責任だと思われるとか、そんなことも考えなくていい。そんなふうに思われるのは一時のことに過ぎない。みんなのそんな思いも一ヶ月もすれば風化していく。そんなもんだ」

　少し間を置いて、僕は続けた。

「死にたいくらいにこの仕事が怖くなったら辞めたっていい。教師ってのは確かに尊い仕事だ。でも、命を賭けてまでやる仕事じゃない。命を賭けたって、なにか効果が上がるわけでもない。無駄死にになるだけだ。おまえは教職に就いて良かったと思ったかもしれないし、親御さんは息子がこの安定した仕事に就いたことを喜んでくれたかもしれない。でも、その喜びはおまえが生まれたときの喜びには比べるべくもない」

2 つながる

教師生活もかれこれ四半世紀を迎えました。これまでさまざまな同僚と出会ってきました。いろんな先生とつながってきました。その一つ一つが僕の宝です。

人とつながるためには、それもよりよくつながるためには、それなりのスキルがあるように感じます。僕が意識しているのは、日常的にはお互いに冗談を言い合いながら、いざというときには言いたいことを正面から言葉にするというメリハリをもつことです。最近の若手教師には、自分の思っていること、考えていることをちゃんと言葉にすることが大切だと感じています。相手が女性ならば尚更です。

人とつながるためには、如何に出会うかという第一段階がとても大切です。僕は男性教師に対しては「おまえを信頼する」というメッセージを伝えることにしています。しかも、それを明るく、冗談っぽく投げかけることが多いようです。男同士の信頼関係とは、多くの場合、そんなふうに形づくられていくものなのではないでしょうか。

これに対して、女性教師に対しては「決して孤独にしない」というメッセージを伝えます。女性教師にはちゃんと言葉にして年度当初に約束することにしています。そしてその約束を是が非でも破らないという決意をもって臨むことにしています。

若手と「つながる」ための基本スキル

女性には 「孤独にしないよ」というメッセージを

男性には 「信頼しているよ」というメッセージを

そして「いざ！」というときには
言いたいことを
正面から
ハッキリと…

21 ユッコ最高！

三度目の学年主任を務めたときのことである。副主任は山崎由紀子先生という僕より八つ年下の体育教師だった。僕は彼女を「ユッコ」と呼んでいた。

学年主任と副主任は学年運営について毎日細かく打ち合わせしなくてはならない。忘れっぽくて大雑把な僕は、細かいことにも配慮の行き届く彼女を心から信頼していた。よく、退勤後にメールで翌日の細かな打ち合わせをすることがあった。打ち合わせというよりは、自分が失念していたことを「あれどうなってたっけ？」と僕が彼女に訊いていたというのが実態である。

そんなとき、僕はいつも枕詞に「ユッコ最高！」とつけることを常としていた。

「ユッコ最高！　明日の○○はどういう動きだったっけ？」

「また酔ってますね（軽蔑顔のアイコン）。かくかくしかじかですよ」

「なるほど。よくわかった。ありがとう。ユッコ最高！」

こんな具合だ。こんなやりとりが何十回、何百回と繰り返されたのを、いまでも懐かしく想い出す。ほんとうにユッコは最高のパートナーだったのだ。

22 心から感謝しています。失礼ながらメールします。

「これ以上ないという素晴らしい仕事をしてくれたことに心から感謝しています。昨日話せなかったので、失礼ながらメールしています。有り難うございました」

初めてユッコに送ったメールはこんな文面だった。彼女が学年の旅行的行事のメインイベントである自主研修の企画・運営をほぼ一人でやってくれ、行事が大成功した次の日のメールである。

行事は金曜日。その日は打ち上げがあったのに、学年主任の僕も副主任のユッコも他の教師をねぎらうことを優先して、二人でゆっくり話すことができなかった。月曜日までお礼を待つのもはばかられ、土曜日の夜に僕がメールを送ったのだ。

「こんばんは。嬉しいお言葉ありがとうございます。学年のため、生徒のためにお役に立てたのであれば幸いです」

半年後の僕とユッコとの関係からすれば可笑しいくらいの儀礼的な、ぎこちないやりとりだけれど、人間関係というものは、最初から「ユッコ最高！」となるものではない。僕にとってもユッコにとっても、手探りだった期間が確かに存在したのだ。

23 照れ屋なので直接言えなくてすみません…

全七学級の教室グッズもユッコが揃えてくれた。休日に百円ショップをまわって、自分の学級に揃えたいものをすべて七学級分揃えてきてくれたのだ。おかげで、七学級中初めて担任をもつ者が二人、二度目の担任が二人と若手中心の担任陣だというのに、教室環境だけは四月に完璧に調えることができた。素晴らしい副主任である。

年度当初の学年費が底を突き、僕らの学年は、ほんとうは買いたいのにファイル収納ボックスが買えなかった。六月のある日、朝出勤すると全学級に段ボールを加工した手づくりのファイル収納ボックスが燦然《さんぜん》と輝いていた。ユッコがもう買えないとわかり、休日に一人で全学級分を手づくりしてくれたのだ。全学級の班の数だから三十五個である。

「全学級のボックス。ちょっと言葉にならないタイプの感動でした。照れ屋なので直接言えなくてすみません」

「三年前にひらめいたんです！　ファイルが入っていた箱なら、ファイル立てになるはず！　と。物は使いようです。再利用ですから環境にも優しいし」

メールは照れ屋の僕に素直にお礼を言わせるツールとして機能していたように思う。

24 ユッコの代わりはいないんだから…

ユッコが生徒を怒鳴ったことがある。

「すいません。逆鱗に触れました…」

「謝る必要なんてありませんよ。ユッコを、ユッコの感性を、信頼してますから。まあ、イライラせずにやりますか…（笑）」

「怒らないと生徒たちが黙らないので、ついつい声が大きくなるんですよね…。私の声帯がダメになるか、生徒たちが私を乗り越えるか、勝負ですね」

「躰が大事。怒鳴るのオレを頼って下さい。あまり頼りにならないかもしれませんが頑張りますから…（笑）」

「苦笑。よろしくお願いいたします」

「頼むから躰だけは大切にしてくれよ。ユッコの代わりはいないんだから。頼りにしてまっせ。ちょっとしゃべりすぎなのでこのくらいにしておきます（笑）」

ストレスの多い仕事の裏舞台。ちょっとしたユーモアとちょっとした気遣い。大仰はダメ。軽くなきゃダメ。こうして、いわば〈運命共同体〉がつくられていく。

25 決して一人にはしない…

新卒から数年という女性教師が転勤してきた。僕の学年に所属することになって、張り切って仕事をしている。会議でも普通の教師とは目が違う。眼差しが真剣すぎるのだ。こんなに飛ばしていてはそう遠くない時期に息切れしてしまうのではないか。

実は彼女は前任校で学級を崩壊させたという噂である。聞こえてくる噂はほんとうにひどいもので、僕には彼女以上に、周りの教師がなぜそれを放っておいたのか、学年主任や管理職はなにをやっていたのか、と思われた。しかも、噂は既に笑い話に近い感じになってまわってきている。そこには彼女に対する悪意さえ感じられた。

最初の一週間が終わり、来週からは生徒たちが登校するという金曜日。新年度が始まって四日目の夜のことである。僕らの学年の第一回の親睦会が開かれた。七時から始まる宴会の前に、僕は彼女を連れ出してゼロ次会と称して二人で呑み始めた。

「大丈夫。この学年は決してきみを一人にはしない。無理しなくていい。いつだってオレたちを頼ってくれていい。孤独感は味わわせない。約束する」

彼女の涙が乾くのに、ちょうど宴会が始まるまでの時間がかかった。

26 そのときはおまえと心中する！

学級編制会議でのことである。僕は学年主任だった。若手中心の学年団なので、三十そこそこの男性教師にいわゆる「重たい学級」をもってもらわなければならない状況があった。他の学級よりも問題傾向生徒の人数が多いわけだ。

彼自身はそれなりに自信をもっている優秀な教師だったが、さすがに学年の中核を担うのは初めてで少々不安があったのだろう。期待されているんだな、頑張らなくちゃいけないんだなという思いを抱いて、照れ隠しの意図もあったのかもしれない。

「大丈夫かなあ……。荒らしちゃうかも……」

彼は頭をかきながら、おずおずとした上目遣いでニヤリとした。

「おまえの学級が荒れたら仕方ない。そのときはオレもおまえと心中する！」

僕は間髪を入れずに言い切った。学級編制会議の空気が張りつめる。互いの目が合って一瞬の間ができた。

数秒後、彼と僕は同時にニヤリを浮かべた。彼の歯の白さが印象的だった。

さっ、次行こう。会議が淡々と進んでいった。

27 たとえ世界を敵にまわしてもオレはおまえの味方でいる…

「僕、人間関係結ぶの苦手なんです。短気だし、礼儀知らずだし……」

僕が学年主任となった折、僕の学年に所属することになったある中堅教師が言った。酒席でのことである。相当呑んだあと。時計は既に十二時をまわっている。

彼のことは昨年度から観察していた。確かに人間関係づくりが得意とは言えない。短気も礼儀知らずも当たっていなくはない。何より、自分より年上の者とよく軋轢を起こす。管理職にさえ納得できないことに関してはものを言う。周りの彼に対する評価も賛否両論だ。でも、僕は彼を買う側だった。

「まあ、そんなことは気にするな。おまえはおまえのスタイルを貫けばいい。オレは納得してフォローするし、オレも賛同すれば一緒に闘ってやるよ（笑）」

「ずいぶん格好いいこと言いますね（笑）」

「そうかい？　たとえ世界を敵にまわしたとしても、この一年間だけはオレはおまえの味方でいるよ。それがオレの〝上司としての哲学〟かな。まあ、オレが信用できるかどうかは一年間で判断すればいい。来年のことは来年考えればいいさ」

28 勉強を毎日継続する癖をつけることが大事だ…

学年主任を務めていたとき、学年に所属する先生のなかに臨時採用教員が四人いた年がある。二人は担任。二人は担任外。

四月。担任外の二人に副主任が学年全生徒のネームプレートづくりを頼んでいた。この二人は一緒にバレーボール部も担当している。

ある日の夜、バレー部の指導を終えた二人は、職員室の一角でネームプレートをつくり始めた。たぶん八時くらいのことだ。それを見た僕は二人に声をかけた。

「完成は急がないから、毎日少しずつやるといい。きみたちには公務も大切だけど、教員採用試験の勉強を毎日少しずつでも継続する癖をつけることが何より大事だ。あんまり遅くならないようにね。副主任の先生には僕から言っておいてあげるから」

僕は二人にそう言ってトイレに行った。二人の「はい！」という返事が印象的だった。

トイレから職員室に戻ってみて驚いた。たった数分の間に、二人の姿が忽然と消えていたのである。ええっ…。僕のあのひと言ですぐに退勤したのか…。すごい…。あまりにもすごい……。僕は現代っ子の素直さにある種の感動を覚えたのだった（笑）。

29 オレにはおまえが何がわからないのかがわからない…

初担任の男性教師が隣のクラスをもつことになった。中学二年生からである。僕は学年主任だった。彼は昨年度も僕の学年に所属していたので、人間関係は既にできている。担任が決まった三月下旬から、僕は彼に担任の心構えを語って聞かせた。どんなふうに学級組織をつくるのか、どんなふうに当番活動を機能させるのか、そんなことを二人で打ち合わせた。賢く、機転の利く彼はよく理解した。僕もそんな彼を買っていた。

こうして二人で意気揚々と始業式を迎えた。でも、彼は初日から大チョンボを犯した。配付すべきプリントをすべて配付しなかったのである。担任は学級ごとの棚から配付するプリントを持っていく。去年副担任として彼が学級に入ったときには既に学級が軌道に乗っていて、もう毎朝生徒たちが持っていっていた。始業式だからこそ起こったミスだった。

「すまん。オレはおまえにこういうミスが起こることを予想できない。確かにオレにも初めて担任をもった日があったはずだが、もう忘れてしまってる。オレにはおまえが何がわからないのかがわからない。こういうレベルになると、おまえが気づくしかない。とにかくちょっとでも疑問に思ったことは何でも遠慮なく訊いてくれ。それしかない」

30 すべては二度目の成否にかかってるんだ…

新採用で二年生を担任。そのまま三年生に持ち上がり、新採から二年目で卒業生を出した若手男性教師。最初の学級はある程度うまくいった。最初の二年間で教師としてやっていく自信ももてたようだ。

こういう教師に、僕はいつも言う。

「若い教師が最初の学級をうまくまとめて、それなりに自信をもったときが、実は一番危ないんだ。自分が人間的に優れているとか、自分は感性が鋭い人間であるとか勘違いしてしまう……。最初の学級ってのは周りの先生方がいろんな配慮をしてくれて成り立っていたものに過ぎない。難しい生徒も学級にはいなかったはずだ」

「はい。そうですよね。よくわかります」

「うん。それが理解されていれば、今後も大丈夫だ。二度目の学級は問題傾向の生徒が何人も入ってくる。自分を過信しないで、周りに相談しながらやっていくんだ。次の学級がそれなりの形になれば、もう一人前だ。胸を張って自分の考えで動いてもだれも文句を言わなくなる。すべては二度目の成否にかかってるんだ」

31 昨日とそっくりな一日にしてやることだな…

初めて一年生を担任する若者。新採用から二年生、三年生と担任し、既に卒業生を出したこともあるのだが、一年生は初めてなのだ。

「堀先生、一年生を担任するにあたって、最も気をつけなくちゃならないことってひと言でいうと何ですか？」

「そりゃ、中学校生活に慣れさせることだろ」

「……そうか。じゃあ、中学校生活に慣れさせるのに、担任が一番気をつけなければならないことは何ですか？」

僕はひと呼吸置いてこう言った。

「毎日を、昨日とそっくりな一日にしてやることだな。それを一ヶ月続けるんだ」

若者は眼を点にしている。

「もちろん昨日の時間割と今日の時間割は違う。でも、朝の学活も帰りの学活も、給食も清掃も、担任の雰囲気もしゃべり方も昨日とそっくり。そういう構造をつくってあげることだ。そんななかに、毎日一つか二つ、ちょっとはじける時間を配置してやるといい」

32 ワンパターンだから些細な違いを楽しめる…

「なんか、子どもたちが心から楽しめることをやってあげようと思ってるんです」

学級レクを企画するとか、授業にゲーム的な要素を採り入れるとか、そういうことの大好きな若手教師が言った。

「悪いことじゃないと思うけど、そういうの考えるのにどれくらい時間と労力かけてるの？　あっ、別に批判してるわけじゃないよ」

僕は興味があって訊いてみた。若手は考えてみたこともなかったようで、考え込んでいる。もしもその楽しいことを考えることに時間と労力をかけすぎていて、日常のなんでもない授業やおもしろくもない活動を、ほんとになんにもなくてまったくおもしろくないものにしてしまっている……そんなことがよくあるからだ。打ち上げ花火はたまに見るから感動する。僕らだって花火大会を見に行くのは年に一度だ。

「いつも同じことをやるってのは、安心感を与えるだけじゃなくて、おもしろいって要素もあるんだ。ほら、『サザエさん』だって『バイオハザード』だって毎回ワンパターンじゃん。ワンパターンだから些細な違いを楽しめるってことが世の中には確かにあるんだ」

33 冒険ってのは自分で勝手にやるもんだ！

同じ学年に所属する若手教師から相談を受けた。「なんとなく授業がしっくり来ないから見て欲しい」と言う。「しっくり来ないじゃわかんないよ。もう少し言葉にしろよ」と言ってみるが、「いやあ、自分でもよくわかんないんです」とのこと。まあ、見れば自分にも発見があるかもしれないと思って引き受けることにした。

一時間授業を見て驚いた。山場が一切ない。語りにタレント性が一切ない。一本調子の説明が淡々と続く。瞬間瞬間をメタ認知して機能度を上げるという意識もまるでない。

「どうでしたか？」

授業後に若者が尋ねてきた。答えようがないので、比喩で返すことにした。

「うーん…。ごくごく簡単に言うと、安定感はあるが冒険心がない。だからおもしろくない。オレが生徒なら、おまえの授業は受けたくない」

「……。どうすればいいんでしょうか」

「おまえバカか。冒険ってのは自分で勝手にやるもんだ。上司に相談して、上司の指示に従うことを一般に冒険とは言わない（笑）」

34 教師はミッションとして教室を生きるんだよね…

同僚数人で卒業生とどう付き合うかという話になった。酒席でのことだ。

僕は卒業生と割と親密に付き合うほうだ。酒席も共にする。クラス会や同窓会は、誘われれば割と出席するタイプだ。でも、そうでない教員もいる。卒業してまで生徒たちと関わりたくない、と思うタイプである。この酒席では半々だった。

ところが、親密に付き合う派に名を連ねていた中堅教師がこんなことを言い出した。

「この間、七年前の教え子と呑み会の約束したんですけど、当日になってなんか行きたくなくなっちゃって……。結局、ドタキャンしたんですよね。やっぱりだんだん経験年数長くなって、生徒への思い入れが薄くなってきたのかなあ……なんて思っちゃいました」

僕は即座に応えた。

「同僚に誘われたって行きたい日もあれば行きたくない日もある。そんな程度のことはあってあたりまえだよ。生徒はエロスとして教室を生きたから卒業しても教師に会いたがることがある。でも、教師はなんだかんだ言ってもミッションとして教室を生きるんだよね。教師が教室でエロス性をまる出しにしたら、学校教育が成立しないよ（笑）」

35 モードの異なる別世界をもったほうがいいぞ！

冬休み中のこと。ふだんは年休を取って原稿を書くことが多いのだけれど、その日はたまたまちょっとした仕事があって出勤した。半日もあれば片付く仕事である。

職員室に入って仕事を始める。朝九時から始めた仕事は予定よりも少しだけ早く、十一時半頃に終わった。半日まではかからなかったわけだ。気を良くして、僕は向かいの新卒さんに話しかけた。「ちょっと早いけど、昼食に出ないか」

新卒さんは「？・」という表情をしている。「機嫌が悪いんじゃないんですか？・」とのこと。おいおい……。「？・」はこっちだ。そういや僕が仕事をしていた午前中の間、だれ一人話しかけて来なかった。

「職員室に入ってきたときから、堀先生の眼、怖かったですよ」

この新卒さんの言葉で合点が入った。

「ああ、ふだんとはモードが違うからね。いまは生徒と接するための頭じゃなくて、資料読んだり真剣に考えたりしながら原稿書く毎日送ってるから。おまえもモードの異なる別世界を一つくらいもったほうがいいぞ。その往来が人間を成長させるんだから」

36 なんか週末に一席設けていただけるそうで…

来週水曜日から修学旅行。前の週の金曜日のこと。修学旅行に向けて僕は自主研修を担当していた。今日が計画の締切。担任はクラスの生徒たちに計画書をつくらせて、そのコピーを僕に提出しなければならない。僕がそれをまとめて火曜日の最終打ち合わせで学年の教師に提示する。そういう段取りだ。ところが夕方になって、ある若い担任が「もう少し待ってくれませんか」と言ってきた。僕は月曜日に作業をするつもりだったので、「わかった。じゃあ、月曜日の朝学活でカタをつけてくれ」と言い残して退勤した。

ところがだ。明けて月曜日。なんとその担任が一日外勤だというではないか。職員室で「あいつは社会人失格だな」と大騒ぎしながら、僕が手配してなんとか間に合わせた。

火曜日の朝、その若い担任は、僕が出勤するなり駆け寄ってきた。

「堀先生、すみません。あのぅ…自主研計画書の件ですが……」

「いえいえ。かえってすみません。なんか週末に一席設けていただけるそうで。実は呑んでみたい日本酒があるんです。日本酒バーで一杯五千円くらいだと思うんですけど……」

僕は笑顔で答えた。教頭をはじめ、職員室がはじけた。

37 あちら側に漂うとこにあんだから…

夕方の職員室。ある女性教師があたふたしている。僕と同じ国語の教師だ。きっと仕事が溜まっているのだ。例によって僕のなかにいたずら心が湧いてくる。

「そんなに慌てなくても仕事は逃げていったりしないよ。ただ締切があるだけだ（笑）」

「もう！　堀先生みたいに仕事早くないんですぅ！　話しかけないでください！」

彼女がキーッとなって言い返す。

「気持ち軽くしてやろうか？　オレのふだんは言わない本音…」

彼女の動きがピタリと止む。

「だいたいさあ、実務能力のやたら高い国語教師なんて、どっか信用できないと思わないか？　国語科と実務ってどっか折り合いが悪いだろ。音楽も美術もそう。だいたい実務をてきぱきとこなせる教師なんかにゃあ生徒も芸術を習いたくないもんだよ。オレたちの本質はこちら側の些末なことじゃなくて、あちら側に漂うとこにあんだから……」

「堀先生、ちょっと深いです…」

僕が周りに音楽と美術の教師しかいないと予め確認していたことは言うまでもない。

38 トシ子！　太りたいか？

「トシ子！　太りたいか？」

所属する学年は異なる、国語科のちょっと太めの女性。

僕は土日にセミナーツアーに出かけることが多い。ツアーに出ると必ず学年の先生方にお土産を買ってくる。お土産は学年の先生の人数ぴったりというものは少ないので、必ず何個か余ることになる。それで学年の先生方に配って余った分は、まずはこの先生にあげることにしていたわけだ。もちろんお土産だから、甘いものが多い。

「太りたい」と言えばあげるし、「太りたくありません」と言えば、「じゃあ、これは別の人にやろうかな…」といじる。これが数回続いた後、彼女も呼吸を覚えてしまった。

「トシ子！　太りたいか？」「太りたくないけど、お土産は欲しいです」

「トシ子！　太りたいか？」「太りたくないけど、余ったんなら食べてあげます」

「トシ子！　太りたいか？」「太りたくないけど、結局、堀先生は私に食べさせたいんでしょ。仕方ないから食べてあげます」

そう。僕は彼女に食べさせたい。彼女がだれよりおいしそうに食べるからだ。

39 ちんねん、ハルク、マリモ、そして…

僕は同僚にあだ名をつける趣味がある。同僚のドジを指摘して、ちょっと本人が恥ずかしがるような、それでいて笑えるようなあだ名をつける。その同僚の見かけに合致した、ちょっとひねったあだ名をつける。この二つを得意としている（笑）。例えば、坊主頭で黒縁眼鏡の若者には「ちんねん」、学生時代に体操をやっていた少々長髪の若者には「ハルク」、丸顔で髪の毛が硬くていつも髪が立っている印象の若者には「マリモ」。

ある年、僕は学年主任になった。四月五日、金曜日。その学年初の呑み会の席でのことである。僕の学年に配属になった若い女性教師が酔いに任せて、「堀先生って、みんなに絶妙なあだ名をつけますよね。私にもつけてください」と言ってきた。彼女は昨年、別の学年から僕の様子を見ていたらしい。

そんなことわざわざ願い出なくても、じきにおもしろいのをつけるのにな……。僕はそう感じながら、「わかった。覚悟しとけよ」と答えた。

数日後、彼女はピロリ菌で胃炎を起こして欠勤した。彼女の名前は「ひろ子」だ。晴れて彼女は僕から「ピロコ」と呼ばれるようになった（笑）。

40 朝、おまえを見て気づいたことがあったんだ…

ピロコは「ピロコ」というあだ名が気に入らないらしい。自分がピロリ菌で休んだのはたった一日のことだ。その日以外は一切休んでいない。なのにそんな一回のことをあげつらってあだ名をつけるのはひどい。彼女の言い分はこういうことらしい。

もう新しい学年も二ヶ月以上が経った六月のある夜。僕と彼女は仕事の打ち合わせをメールでしていた。その話が終わり、僕は最後のメールに「おやすみ。ピロコ」と送った。これで彼女に火が付いてしまった。その呼び方はひどいというわけである。もっと自分らしい、可愛くて、品のあるあだ名にすべきだ。彼女はそう主張したわけだ。

そんなやりとりのなかで、僕は「ちょっと言いづらくて、言えなかったことがあるんだけど、言ってもいい？」と訊いた。ピロコはひるみながらも「どうぞ」と返してくる。「実はねえ、四月の半ばくらいだったんだけど。朝、横に座ってるおまえを見て気づいたことがあったんだ。右頬にファンデーションが溜まってるのを（笑）」

その日からピロコのあだ名は「ファンディ」に変わった。キーッ！　となるファンディに、僕は可愛くて品のある、しかも外人っぽくて格好いいあだ名だと主張した（笑）。

3

とがめる

四十歳頃までの僕はいつもイライラしていたように思います。自分より若い人を叱るときにも、爆弾を投下するような叱り方ばかりしていたようにも思います。

それがいつしか、少しくらいのことでは腹を立てなくなった自分に、自分自身が驚くようになっています。決して気が長くなったというわけではありません。おそらく、他人に起こり得るミス、他人が犯し得るミスというものに対する想定範囲が広がったのでしょう。起こり得るミスが想定内の事柄であれば、人間は腹を立てる以前にその対処法に意識が向かうものです。若手教師をとがめるという場合にも、余裕をもって接することができるようになるわけです。不思議なもので、こういう境地に立てるようになった頃から、僕は若手教師を育てられるようになりました。僕が育てているというよりは、その若手教師が勝手に育ってくれるようになったのです。

それでも、とがめるべきときはとがめなくてはなりません。そういうとき、僕はその若手を責めることよりも、その若手に見えていないことを提示してあげるということを意識しています。コツはメタ認知させることと言えます。指導した後には、できるようになるまで関わり続けるということも意識するようになりました。

若手の「とがめ方」○と×
×の例 → 40歳頃までの著者
イラ
イラ
ド
カ
ン
○の例 → 最近の著者
うん
うん
高い所から「メタ認知」してごらん

41 おまえは馬鹿以下だってことだ…

「いやぁ〜、やりたくねえ〜！」

ある日の夕方のこと。若手教師が書類の山を前にしかめっ面をしている。今日は残業のようだ。どうやら書類の集計作業らしいが、やる気が起きないのだろう。

それを見て僕は話しかけた。

「仕事を早く終わらせるコツって知ってる？」

「えっ？　そんなの、あるんすか？」

「あるよ。仕事を早く終わらせるコツはねえ……」

若者が前のめりになる。目が見開かれ、ひたすら僕の次の言葉を待っている。

「早く始めることさ（笑）。仕事が遅い人は始めるのが遅い。とにかくさっさと始めてしまえば、途中までやった仕事ってのはあれこれ考えることなく早く終わらせようって思うもんだ。そして、なんだかんだで片付いてしまうもんさ」

「なるほど…。さすが堀先生。深いッスねえ〜」

「深くねえよ。馬鹿でもわかる。おまえは馬鹿以下だってことだ。じゃ、お先にぃ（笑）」

42 変われる人は毎日の出来事をもっと複雑に分析してんだよ…

次の日の朝のこと。

「堀先生！　先生の言った通り、あのあとすぐに始めたらとんとん拍子で終わりました」

「そうか。そりゃ良かったな」

「これからは、何事もすぐに始めて終わらせることにします」

「そんな風に変われそう？」

「ええ。変われそうな気がします」

「そう。それじゃあ、変われないなあ、きっと」

「どうしてそういうこと言うんですか？」

若者はちょっと不満げである。

「たった一度の経験で『変われそうだ』なんて思うその単純さが、人を変化から遠ざけるんだよねえ。そういうもんだ……。変われる人ってのは、毎日の出来事をもっと複雑に分析してんだよ」

彼の決意が一週間ももたなかったのは言うまでもない（笑）。

43 気づくのは時間が経って冷静になってからなんだよな…

「なんで僕ばかりが悪者にされなければならないんでしょう。向こうにだって非はあると思うんですけどねえ。校長も教頭も向こうには指導らしい指導をしないんですよ」

若者がすごい剣幕で文句を言っている。

僕の学年の若者がある仕事の在り方をめぐって、他学年のある教師とトラブルになった。先方が管理職に相談したらしく、この若者も校長室に呼ばれることになった。管理職はどちらかというと、相手方の考え方のほうが理に適っていると感じたようで、この若者に今回は諦めるようにと指導したということらしかった。

「まあ、気持ちはわからなくはない。オレもそういう経験をいっぱいしてきたからね」

少し間を置いてから、僕は続けた。

「オレはその件に関わっていないから口を出す立場じゃないけど、オレの経験から言って、自分と世間とが対立したとき、大抵の場合は世間のほうに理があるもんだよ。ただ、それに気づくのはちょっと時間が経って、冷静になってからなんだよな。まあ、ゆっくり寝て、怒りがおさまったら、自分でもう一度ちゃんと考えてみるんだな」

44

怒鳴るって、教師にとっては麻薬みたいなものなんだよね…

四月。一緒に学年を組んでいる教師のなかに、やたら怒鳴る若者がいた。誇張抜きに毎日、五回は怒鳴る。生徒たちが萎縮する。

「ちょっと怒鳴りすぎじゃないか？　生徒たちが萎縮しているよ」

「最初が肝心ですから。最初になめられるわけにはいきません」

「そりゃ気持ちはわかるけど、それ一年間もつのか？」

「は？」

「いや、なんて言うか……一年間、同じトーンで続けられるのか？　なんか、怒鳴る以外の方法で同じ機能を果たせる、そういう方法を考えないと自分が参っちゃわないか？」

「そう言われましてもねえ。そういう方法は時間がかかるじゃないですか」

「そう。そこだよね。怒鳴ると楽なんだよ。生徒たちは萎縮して、一応言うことは聞くからね。でも、逆に言うと、怒鳴るって、教師にとっては麻薬みたいなもので、楽するための手立てなんだよね。おまえの教員人生だから強制できないけど、まだ変われる若いうちにやめたほうがいいとオレは思うよ」

45 生徒のなかに葛藤を起こす教師が生徒を成長させるんだ…

「なんか綺麗事語ってる自分がいやなんですよね。中学校時代、綺麗事ばかり言って厳しく指導する先生が大嫌いでした。ああはなりたくないなって」

その若者はそれが当然のことのように言い切った。

「おまえは、生徒に好かれるために教師をやってるのか？　それとも生徒を育てるために教師をやってるのか？」

若者が「はっ？」という顔をする。

「おまえに綺麗事と本質について考えさせてくれ、おまえをそういう境地に立たせてくれたのは、まさしくその綺麗事ばかり言っていた先生がいたからじゃないのかい？」

「なるほど…」

若者もどうやら僕の意図を理解したようだ。

「生徒たちが心地よく受け取れるようなことばかり言う教師は、かえって生徒たちを成長させない。でも、綺麗事を言ったり厳しく指導したりして生徒のなかに葛藤を起こす教師は結果的に生徒を成長させていく。教師ってそういう職業なんじゃないかなぁ」

46 関われないことを生徒のせいにし出したらもう教師じゃない…

ある若手が担任する生徒との関係に悩んでいた。その生徒を担任して数ヶ月、どうしても関係がしっくり来ないのだ。彼は僕に問うた。

「あの子がわからないんです。どうしたらいいんでしょう」

「教師は神じゃない。すべての子がわかるなら苦労なんてしない。でも、わかろうとする姿勢をもつことはできる。それがその子に伝われば関係は改善されていく。オレの経験から言ってこれは間違いない。おまえはその子にそれが伝わるくらいに自分で動いてみたのか？　ただ躊躇《ちゅうちょ》しながら、わからないわからないと言ってるだけなんじゃないのか？」

彼は覚えがあるようで、黙って聞いている。

「教師の側が戸惑ってるんだから、生徒のほうはもっと戸惑ってると思うぞ。どう関わるかに正しい答えはない。それは自分で考えるしかないんだ。でも、関われないことを生徒のせいにし出したら、それはもう教師じゃない」

この若者は自分を内省し、その子に積極的に関わるようになった。次第にその子との関係が修復されていった。二年後、二人がハグし合っていた卒業式が印象的だった。

47 スッキリしたいなら機械相手の仕事でもするんだな!

「また明日か。なんだかどんよりします。なかなかスッキリ解決…とはいかないものですねえ。どうしたらいいんでしょう」

いじめ事案の指導で、ここ数日てんてこ舞いの若手教師の愚痴である。

「教師が自分がスッキリするための指導を考えてちゃダメだろ(笑)。指導が終わったってスッキリするのは子どもと保護者であって、おまえじゃない」

「なるほど。そういうもんですか…」

若手は更に落ち込んだ様子。

「そりゃそうだろ。だいたいおまえがスッキリする以前に、子どもと保護者をスッキリさせるのだって、相当難しいんだぞ。そういう意識あるか?」

「切ない商売ですね。教師って……」

「別に教師だから切ないんじゃない。どんな仕事だって人間相手にしてる限りは、スッキリカタルシス〜なんて解決をみることは滅多にないよ。だいたい仕事だけじゃなくて現実ってのはそういうもんだ。スッキリしたいなら機械相手の仕事でもするんだな」

48 正しいことやってればいい仕事じゃないんだ…

いじめの生徒指導でのこと。若い担任が手を焼いていた。

被害生徒と加害生徒で言い分が食い違う。いくら事情を聞いても、いくら説得しても、まったく埒が明かない。担任はほとほと困ってしまっていた。

「被害者側の立場に立つ。これがすべての前提ですよね」

僕は応えた。

「まあ、それが原則だわな」

「でも、加害者側だけが一方的に悪いわけじゃないんですよ、今回の場合…。被害者側も以前に相当なことやってる。今回の件だけで判断して片方だけ悪者にしたら、ちょっと一方的すぎるかなあって……」

「じゃあ、いじめって判断をやめて、喧嘩両成敗にもっていくしかないな。オレたちの仕事って正しいことやってればいいって仕事じゃないんだ。どんなことがあっても、どんなことになっても、結果的にみんなが『これが正しかったね』って納得できるような落としどころにもっていかなくちゃいけないんだ。そういう仕事なんだ」

49 それだけの信頼は得られていないってことなんじゃないかな…

「いやあ、残念ですねえ。やりたかったなあ、この企画……」

ある中堅教師が自分の企画を職員会議に提案して通らなかった。その直後の言葉だ。

「どうしてこの企画の良さがわからないんでしょうねえ。確かにちょっと面倒なことはあるけど、やりさえすれば効果高いと思うんですけどねえ。どうしてそれがわからないかなあ……。やっぱりみんな仕事増えるの、いやなんですかね」

僕はそれを聞いて言った。

「ちょっときついこと言うけど、聞く気あるか?」

「はい」

「実はさあ、職員会議ってのは、『何が正しいか』じゃなくて、『誰が言ったか』で決まるものなんだよ。新しい提案に対しては特にそうだ。あの人が言うなら仕方ない、あの人の提案なら効果があるんだろう、そう思ってもらえる人間だけが提案を通せるんだよ。オレは今回のおまえの提案はいい提案だと思うよ。でも、それを通してもらえなかったってことは、まだおまえはそれだけの信頼を得られていないってことなんじゃないかな……」

50 やっぱりおまえも制度側の人間だと思うよ…

「まったく正論ばっかり吐きやがって……」

ある若手教師が煙草を吸いながら憤っていた。職員会議のちょっと冒険的な提案が、教務主任の正論によって退けられたのである。

「じゃあ、殴りつければ？」

僕は冗談めかして言った。

「堀さんは僕の提案どう思いました？」

「オレはやってみてもいいかなと思ったな。おもしろい発想だとも思った」

「ほら、堀さんなら理解してくれるじゃないですか。やっぱり教務が頭固いんですよ」

「世の中には二種類の人間がいるんだよね。制度のなかで慎ましく生きることを美徳と考える人と、制度を超えるものに出逢うことこそを美徳と考える人と……。教務主任は前者、オレは後者。そういうことだよ。でも、教務主任みたいな人を説得できるような案を考えられないで怒ってるだけじゃ、やっぱりおまえも制度側の人間だと思うよ。制度につぶされたから諦めようとしてるわけだろ？　だからそんなに腹立ててんだもの……」

51 いいか!「指導力不足教員」ってのはあくまで相対的なものだ!

「あの人、指導力不足教員じゃないですか?」

生徒指導に失敗したベテラン教師に対して、僕の学年の若者が言った。

僕はムッとした。久し振りに腹が立った。

確かにその教師は力量が高いわけではない。生徒指導でもおどおどすることが多い。事務仕事も決して早いほうではない。しかし、二十代の若輩に「指導力不足」呼ばわりされる筋合いはない。

僕はすぐに言い返した。

「ほう。おまえは指導力が不足していないのか。どれだけの指導力をもっていると言うんだ! マスコミに踊らされて安易に流行り言葉なんて使うんじゃねえ!」

若者は予想外の僕の剣幕に背筋を伸ばした。

「いいか。『指導力不足教員』ってのはあくまで相対的なものだ。『指導力不足教員』を百人排除したら、今度は101番目から200番目が『指導力不足教員』の烙印を押されるだけだ。そのときにはおまえもそのなかに入るかもしれないんだぞ!」

52 「まかせる」ってのは、いざとなったら「かぶる」ってのと同義だ…

「あいつ、とうとう音を上げました。結局、僕がやらなきゃならなくなっちゃった。あんなヤツに任せるんじゃなかったですよ……」

三十代の中堅教師が愚痴っている。どうやら若者に任せた仕事が滞り、結局、できなかったようだ。若手から中堅になる時期にだれもが経験することである。僕にも経験があるので気持ちはよくわかる。その中堅教師も腹の虫がおさまらないようだ。

「もうあんなヤツには二度と仕事を頼まない！」

「まあ、そう言うな。本人も申し訳ないと思っているはずだ。ちゃんと次も仕事を与えてやれ。下の者を育てるのも中堅の大事な仕事だろ」

「そう言いますけどね……。こんなギリギリになって『できません』って言われても、こっちも困るじゃないですか」

「まあ、『まかせる』ってのは、いざとなったら『かぶる』ってのと同義だ。いざとなったら『かぶる』っていう覚悟があるから『まかせ』られる。その覚悟がないのは『押しつける』って言うんだよ（笑）」

53 教室に死臭が漂ってる…

一年生担任。自信がないせいなのだろうか。生徒たちの前でにこりともしない。とにかく威圧する。細かいことばかりがみがみ言う。そんな女性教師と出会ったことがある。

この教師とは学年が違ったのだが、僕はたまたまこの先生の学級に週一時間、書写の授業に行っていた。入学当初はあんなに明るく元気だった生徒たちが、どんどん暗くなっていく。週に一度しか行かないものだから、それが僕には顕著に見える。書写道具を忘れた生徒はゼロ。他のクラスには一人か二人いるものだ。確かに半紙に筆を走らせているのだが、決して集中しているわけではないように見える。実習中心だというのにおしゃべりが一切ない。互いが互いに関わり合わないようにしている。そんな雰囲気だ。

学級日誌を見て合点が入った。この学級では、毎日毎日、帰り学活で日直が何の時間にだれが忘れ物をしたのか、だれがおしゃべりをしたのか、そんなことを報告するらしいのだ。おそらくそれにいちいち担任が説教するのだろう。

「とにかく、学級を荒れさせたくないんです。崩壊する学級が多いですから」

「きみの学級は静かに崩壊してるよ。教室に死臭が漂ってる。考え直したほうがいい」

54 学級は崩壊させないためにあるんじゃない…

数日後のことである。彼女が僕に話しかけてきた。

「考え直せとおっしゃいましたが、なにをどう考え直せばいいんですか？」

「学級は崩壊させないためにあるんじゃない。子どもたちが成長するためにあるんだ。そしてきみも学級を崩壊させないために担任を任されてるんじゃない。子どもたちを成長させるために担任を任されてるんだ。勘違いしちゃいけない」

「ひどいこと言いますね」

「僕は確かにひどいことを言ってるかもしれないが、きみは僕の言葉なんかよりもずっとひどいことを生徒たちに言ってる。やってることが五人組やナチスと同じじゃないか」

僕はあまりにもやり方がひどい教師に出会ったとき、わざと刺激的なことを言うことがある。ダメなものはダメなのだ。

彼女の名誉のために言っておくが、この後、彼女は僕に教えを請い、僕も丁寧に教え、それから数年間、僕の右腕として苦楽をともにしながら過ごした経緯がある。僕が自分の教員生活においていまなおとても感謝している数少ない同僚の一人になっている。

55 学級のノリについていけない自分を必要以上にダメだと思っちゃうだろ?

力のある若い担任。順位のつく行事はいつも優勝。生徒たちが学級の名誉のためにと頑張る。生徒指導も得意なので、学級で起こったトラブルはすぐに解決する。教室はカラフルな掲示物や生徒たちの写真で所狭しと飾られている。職員室でもその担任は一目置かれ、管理職も彼を高く評価している。

「自分の学級経営って、自己評価すると何点くらい?」

僕はこの担任に訊いたことがある。

「さあ、八十点くらいでしょうか……」

人が自己評価を八十点というときには、自分に満足していることを意味することが多い。実質的には満点に近いと思っているのだ。

「たぶん、きみの学級経営は多くの生徒たちに機能していると思うけど、一部の、少数の生徒たちにはすごく苦しい学級経営なんだと思うんだよね。担任のノリについていけない自分、学級のノリについていけない自分を必要以上にダメだと思っちゃうだろ?」

事実、この学級には三人の不登校生徒がいたのだ。

56 きっと、それさえもプレッシャーになっちゃうんじゃないのかな…

この指摘はこの若い担任にはとても響いたようだった。

事実、他の学級には不登校生徒はいても一人。他の学級の担任陣は、この担任ほどには生徒たちの心を摑んでいない。学級指導においてもこの担任ほど盛り上げることはできない。それでも、不登校生徒が少ないのである。

「堀先生、僕らしいノリの良い学級経営と不登校生徒を出さないこととの両立って難しいんですかね」

「さあ、どうだろう。僕はきみじゃないからわからないけれど、たぶん不登校になるような弱い生徒たちとだって、きみはちゃんとコンタクトを取っているはずだよね。でも、きっとその子たちにとってはそれさえもプレッシャーになっちゃうんじゃないのかな。きっと、きみが学級に入ることを促すとき、それはその子たちにとって、学級のノリに加わらねばならないこととイコールに感じられてしまうんだろうね。そこを意識しながら接することかな……」

この後、若い担任の試行錯誤が本格的に始まった。

57 いいから結果出せ！　結果出せないなら辞めちまえ！

新卒二年目の若手教師。

とにかく軽い（笑）。こんな軽いヤツ見たことないというくらいに軽い（笑）。どこかで聞きかじったことをすぐに学級に取り入れる。それ自体はいいのだが、長く続かない。すぐに飽きる。飽きたらすぐにやめてしまう。また別の手立てを探す。生徒たちにもそれを見透かされる。担任が新しい手法を取り入れても、どうせすぐにやらなくなるのだと真面目に取り組まない。まあ、僕が生徒でもそうするだろう。

しかし、本人はちゃんとやっているつもりだから始末が悪い。正直に言うと、頭の出来があまりよろしくない（笑）。しかし、決して性格が悪いわけではない。こういう人間がいると、職員室は潤う。

しかし、生徒相手に軽さを発揮されると、トラブルになることも少なくない。約束したことを忘れる。生徒指導において最後まで指導を徹底しない。そういうときは厳しく当たらねばならない。僕は彼を日常的に戒めねばならない。

「いいから結果出せ！　結果出せないなら辞めちまえ！」

58 キャリアは毎日を目的的に積み重ねた者だけに宿る…

これも同じ新卒二年目の若手教師との会話。

「なにかキャリアアップしたいッスねえ。これやったらキャリア上がるぜって仕事ないッスかねえ。自分がぐ〜んと成長できるような」

「そんなの人によって違うだろ。人それぞれ特性ってもんがあっからな。おまえにはおまえに合ったキャリアアップの仕方があるのであって、人の意見を訊くようなものじゃない」

「なるほど。それもそうッスね。なんか楽しいことがいいなあ……」

「おまえさあ、キャリアってのは意図的に積み上げないとキャリアとして機能しないものなんだぜ。おまえみたいになんでもいいから取り組もうってのは、効率が悪いんじゃないかなあ……」

「なるほど。そういうもんッスか……」

「もう少し毎日を目的的に生きてみたら？　キャリアってのは、毎日を目的的に積み重ねた者だけに宿る、そういうもんだと思うけどな」

けっこう良いことを言っているつもりだが、彼にはまったく通じないのだった（笑）。

59 おまえが悪いよ…（笑）

学校祭の準備期間。その若者はダンスの指導をしていた。学生時代にダンス部の部長をしていたダンスの専門家である。しかし、自分がやるのと生徒にやらせるのとでは大違い。なかなか自分の指導したことを飲み込んでくれない生徒たちに業を煮やしていた。

ある日、指導の途中であるモノが必要になり、彼は職員室でそれを準備することにした。生徒たちには「言われた通りに、ここまで練習しておいてね」と言い残して。

ところがその若者がその場を離れている間に、多動系の子がみんなにからかわれたのを機にパニックを起こして暴れ出した。慌てて教師を呼びに来る生徒。練習場に駆けつける教師……。若者は立ち尽くすだけ。結局その場は僕がおさめた。

「いったい、僕にどうしろって言うんだ…。これじゃ、なんにもできない！」

若者は吐き捨てるように言った。気持ちはわからないでもない（笑）。

「練習に必要な物を事前に準備しておかなかった。これが第一の罪。場を離れるときにトラブルが起こらないような具体的な指示をしなかった。これが第二の罪。起こったトラブルを自分の力では収拾できなかった。これが第三の罪。おまえが悪いよ（笑）」

60 大丈夫。いまから急いでも罪はまったく軽くならないから…

朝の打ち合わせが始まるというのに、隣の女性担任が出勤しない。

さては、寝てるな……。朝打ち中に携帯で電話をかけてみる。

「はい！　○○です！」

慌てている様子。明らかにこの電話で起きたという反応である。

「いまどこ？」

「……」

僕は優しく語りかける。

「どこ？　正直に言ってごらん」

「……家です。すみません……。これから急いで出ます」

ほんとに申し訳なさそうな様子である。

「いやいや。授業に間に合う程度にゆっくりおいで。ゆっくり仕度していいよ。大丈夫大丈夫。いまからいくら急いだって罪はまったく軽くならないから……。社会人だもん（笑）」

電話口で茫然としている彼女の表情が目に浮かぶようだった。

4 はげます

はげましの言葉は多種多様です。少しクサいくらいのほうが効果が高い場合もあれば、良かれと思ってはげました言葉がしらじらしいと受け取られ、かえって逆効果なんてことも決して少なくありません。

ただ、一つだけ言えるのは、自分の価値観ではげますのではなく、常にその人らしさの方向へと向かうようにはげますということが何より大事だと感じています。しかも、自分が感じるその人らしさではなく、あくまでその人自身が感じている「自分らしさ」の方向にです。その意味で、こうするといいよ、ああするといいよではなく、あくまで「あなたの望むことをすればいいんだよ」「あなたらしくやればいいんだよ」と、相手に「自分らしさ」を考えさせる方向にもっていくのが良いように感じています。

その際、大丈夫、僕が支えるから、僕が見ているから、僕はきみを裏切らないからという姿勢を堅持することがとても大切です。そうした安心感を抱けない相手からのはげましを、人は素直に受け入れられないものです。他人をとがめることに責任を感じる人は多くいます。しかし、はげましてくれた人に裏切られたという思いほど、人を孤独にするものはありません。実ははげますことのほうが叱ること以上に責任を伴うのかもしれません。

若手の「励まし方」2つのポイント

①若手自身が感じている「自分らしさ」に向かうように励ます

②「君を裏切らないから」という姿勢を堅持する

61 おまえらしい教師になるんだ…

初めて担任をもった女性教師。ある夜、その日に小さなミスを犯したようで、落ち込んで僕にメールを送ってきた。やりとりをしているうちにこんな言葉が送られてきた。

「いつになったら教師らしくなれるんでしょう……」

僕はすぐに返信した。

「そんな馬鹿なことを考えるんじゃない。教師らしいおまえなんて目指すんじゃない。目指すべきはおまえらしい教師だ。おまえが教師に近づくんじゃなくて、教師という仕事をおまえのほうに引っ張ってくるんだ。そうじゃないとうまくいかない。いつまでも落ち込むことになる。負のサイクルから逃れられない」

この言葉は彼女に響いたようで、その後、僕が学年主任として彼女を指導していくうえで、一つのキーワードとなっていった。

自分の外に「理想の教師像」があると感じて、若者はそれに近づこうとする。その心持ちもわからないではない。でも、人はそれぞれ違う。A先生が「目指すべき姿」とB先生が「目指すべき姿」は決して同じではないのだ。

62 その程度の話だ…

第一章〈自律したい私〉と〈承認されたい私〉でも触れた女の子の話だ。初めて担任をもった彼女は、四月から学年主任の僕とのいろいろなやりとりの末、既に大成長を遂げていた。緊張感にこわばった四月が嘘のように、笑顔の絶えない教師になっていた。二学期の半ばくらいだったと記憶しているが、ある夜、僕は彼女からメールをもらった。

「ちゃんと見ていてくれている安心感があるんでしょうね。気持ちが一学期とは違うのが自分でも分かるんです」

僕は次のように返信した。

「いろいろなことに『自分でやってみよう』を原則にして意識的に取り組んでみるといい。失敗したらごめんなさいすればいいだけだ。もっと失敗してもオレに叱られるだけだ。もっと大きな失敗ならオレもいっしょに頭を下げてやる。その程度の話だ」

人を育てるときには自分の思い通りに動かそうとするのではなく、「そのままでいいんだよ」「自分らしくしていいんだよ」と安心感を与えて笑顔にしてあげることを第一義としたいものである。

63 自分の失敗を許してあげられる教師だけが、子どもを許すことができる…

「どうして、私ってこんなんなんでしょう……。同じ失敗ばっかり繰り返して」

彼女はまた生徒を責めすぎてしまったようだ。数週間前に同じように生徒たちを追い込んで生徒たちを落ち込ませてしまって、「もう少し言い方を考えてみようか」と学年主任の僕に指導された経緯があった。

「きっとね、そんなふうに自分を強烈に責めちゃう人だから、生徒たちも同じように責めちゃうんだよ。世の中に言われたこと、指摘されたことを瞬く間に直せちゃう人なんているると思うか？」

「それは……いないかもしれませんね」

「だろ？（笑）いいんだよ。同じ失敗くらい、何回か繰り返すのがあたりまえだ。そういうのも含めて人間だよ。教師ってのは機械じゃなくてあくまで人間がやってんだ。そんなことは生徒も保護者も百も承知だ。それより、肩の力を抜いて、自分の失敗を許してあげることだな。たぶん、自分の失敗を許してあげられる教師だけが、子どもたちを許すことができる……。そういうもんなんだと思う」

64 ダメなところはわかったけど、なんか良いところはないの？

「なんかダメなんですよねえ、あたし…。仕事も遅いし、苦手なこと多いし……」

また同じ女性教師である。

「ダメなところはわかったけど、なんか良いところはないの？　自分でこれだけは自信あんだよなあ……みたいなとこ」

「別にありませんね。他人より秀でてるとこなんて……」

「でもさあ、例えば仕事遅いのを少しくらい早めても、幾つかの苦手を克服したとしても、それってマイナスをゼロにするだけじゃん。マイナスをゼロにしたところで良い教師になんてなれないし、自分で満足だってできないじゃん。そして何より楽しくないじゃん」

彼女の目が見開かれる。

「なんかプラスのことしたほうがいいんじゃない？　楽しいこととか、夢中になれることとか……。周りに理解されるかとか評価されるかとかいう視点じゃなくて、あくまで自分が熱中できること……。そういうこと考えないと、ゼロを目指すだけで、いつまで経ってもプラスには転じないと思うんだよね」

65 少なくともオレに期待させる人間ではあるってことさ…

「自信もって思った通りに取り組んでごらんよ……」

無責任な物言いだなと思いながら、話を早く切り上げたくてこう言った。

「自信ですかあ……。私に最も足りないものですね。私、自分が自信をもてないっていうことにだけは自信があるんです……」

おいおい、禅問答かよ。そう思いながらも、僕は明るく言った。

「よし！　オレも学年主任だ。今年の学年運営の最優先課題を『おまえに自信をもたせる』に設定してやる。だから安心しろ。なっ？　そろそろ帰ろうぜ」

「ええーっ、ほんとうですかあ？　どうやってですかあ……？」

それから僕は「人間と自信」というテーマで、彼女に数時間にわたって講じることになってしまった。彼女は僕の言葉の一つ一つにうなずきながら聴いていた。

講座「人間と自信」において、僕が最後に語ったのはこんなしらじらしい言葉だった。

「ほら、オレがこんなに時間と労力を割いて話をするのは、おまえに期待してるからじゃないか。少なくともオレに期待させる人間ではあるってことさ」

66 教師にとって大切なのは人を指さないことなんだ…

「負けたくないんです！」

若者からこの言葉を聞くことが多い。

僕は即座に「だれに？」と問い返す。若者は口ごもる。別に具体的なライバルがいるわけじゃない。強いて言えば、自分にということなのだろう。それも自分の弱い部分に。

「あのねえ、教師にとって大切なのは人を指さないことなんだ。人を責めない。人をあげつらわない。子どもも、保護者も、同僚もだ。それができる教師はとても良い教師になる。意識しなくても、周りを巻き込むことができるようになる」

たいていの若者は思い当たるところがある……という表情をする。

「でもね、もう一つ大事なことがある。人を指さないっていうときの『人』のなかには、自分も入ってるんだ。自分を責めない、自分をあげつらわない。弱いとこ、ダメなとこも含めて自分だと思えるようにならないと、他人の悪いところばかり目について、他人を責めたりあげつらったりしたくなっちまう。自分を認めてあげられない教師に習う子は、どこか自分を認めてあげられない子になってしまうものだよ」

67 言葉に踊らされなくなったときかな…

ある女性教師と二人で呑んでいたときの話である。

「堀先生にとって、アイデンティティという言葉はどういう意義をもってますか?」

アイデンティティ……。ああ、そうだ。自分にもこの言葉が大切だった時期があった。さまざまな西洋哲学を読み始めた学生時代のことだ。学生時代の文章をいま読み返すと赤面してしまう。アイデンティティはもとより、メタファとかアナロジーとかラングとかパロールとか現象学的還元とか脱構築とか、どうでもいい些細な日常分析にこんなにも大仰な言葉を使って、自分だけの高鼻をつくっていた。いま考えても頬が熱くなる。

でも、そうした言葉の本質は、そうした言葉が自分のなかで大文字の言葉ではなくなったときにこそ効力を発揮するところにある。自分のなかにその言葉が溶けたとき、その言葉がやっと自らのものになったことを意味する。しかも、そのことに気づくのは、自らのなかに溶けて何年も、ときには何十年も経った後であることも少なくない。

「アイデンティティなんて言葉に踊らされなくなったときが、アイデンティティを獲得したときかな…。そんな言葉がまったく頭に浮かばなくなることが獲得の条件だな」

68 世の中のミスは99％が謝りゃ許されるもんだ…

ある若者にクレームが来た。今日、ある男子生徒に厳しい指導をしたのだが、実はトラブルを起こしたのはその生徒ではなく、別の生徒だったらしいのだ。口裏を合わせた生徒たちの言に乗せられて、別の関係ない生徒を叱責してしまったらしい。もう言い訳のしようのないミスである。本人もいたく落ち込んでいる。

学年主任の僕は、この若者と一緒に家庭訪問に行くことになった。保護者が「こんな若造では話にならない！　管理職と一緒に謝罪に来い！」ということだったので、まあ、最初から管理職が行くまでもないだろうと、学年主任の僕が同行することになったのだ。

いつもは元気な若者が、完全に小さくなっている。自殺でもしそうな表情である。

「おいおい。ミスはだれにだってあるよ。気にすんな。これも学年主任の仕事のうちだ」

僕は笑いながら言ったのだが、彼はニコリともしない。

「だいたいさあ、世の中のミスは99％が謝りゃ許されるもんだ。許されないのは死んじゃったときと後遺症の残るような怪我をさせたときだけだ。今回はそのどちらでもない。ちゃんと謝りゃ許してくれるさ。さっ、行くぞ！」

69 それがおまえの教師人生だ……（笑）

ある日の朝。若い担任が電話口で「はあ……はあ……」と答えている。一瞬クレームだろうかと思ったが、どうもそういうふうでもない。その後も何度か「はあ…」が続き、しばらくしてやっと会話らしい会話が始まった。

「取り敢えず、学校に出してください。僕が話を聞きますんで……」

電話が終わって、「どうしたの？」と訊いてみる。電話は十五分以上も続いていた。それなりに深刻に違いない。ところが、聞いてびっくり。クレームでも学校行きたくないでもない。朝からつまらないことで親子喧嘩をし、まだ家を出ていないというだけの電話だったのだ。しかも、母親はまだ腹の虫がおさまらず支離滅裂……。話の内容もあっちに行ったりこっちに行ったり。どうりで担任も「はあ…」としか答えられないはずである。

そういえばこいつは、先日も保護者の愚痴を電話で一時間以上聞かされていたっけ。

「きっと話しやすいキャラなんだよ。ある意味、教師としては武器だよ。オレは怖がられるばかりでそんな武器をもってないから羨ましいなあ（笑）。まあ、そのキャラを活かす教育手法を自分自身で開発すんだな。それがおまえの教師人生だ（笑）」

70 人間ってのはルールを破らないと成長しないんだ…

ある日の夕方のことである。その日、管理職が二人とも外勤に出ていることに気づいた僕は、隣の若手に言った。

「なんだ。管理職二人とも居ないんじゃないか。よし。悪さするか……」

「悪さってなんですか？」

「そりゃサボるんだよ。早く帰ってもいいし、それがはばかられるって言うんなら、どっかに遊びに行って勤務時間終了ぎりぎりに帰って来てもいい」

「僕ね、まじめに仕事しなくちゃと思っちゃって、愉しめないタイプなんです」

「そりゃダメだな。人間ってのはルールを破らないと成長しないんだぜ」

「どういうことですか？」

「例えば、子どもってのはいたずらを覚えたときに大きく成長する。いたずらってのは簡単に言えば、親から与えられたルールをちょっとだけ破ってみることだ。このちょっとだけ破るってのを繰り返して子どもは成長するのさ」

よく考えてみると、つい昨日読んだ竹田青嗣の受け売りだった（笑）。

71 人は有能な人間の淫らさに惹かれるもんさ…

「誠実に生きたいんですよね。自分で後悔しないように…」

ある若手男性教師が言った。

「学生時代に一番好きだった先生を思い出してみろ。思い出したか？ で、その先生、まじめで誠実だった？ どう？」

「いや。基本的にはまじめなところがあったんですけど、どこか自由奔放な感じの先生でした。なんというか、なにやり出すかわかんない、みたいな……」

「だろ？ 大人も子どももそういう人間にこそ魅力を感じるんじゃないかなあ」

しかし、その若者は言い張る。

「でも、いまは生徒も保護者もきっちりとした先生を望んでるじゃないですか。やっぱり誠実に対応する先生のほうがいまは求められてるんじゃないかなあ」

僕は言い放った。

「魅力的な先生像なんて五年や十年で変わらないよ。誠実か奔放かの前に、みんなその先生の能力を見てる。人は有能な人間にときに垣間見られる淫らさに惹かれるもんさ」

72 これが学校教育の一番の意義なんじゃないかな…

「なんか自分が嘘言っている気がして……。うちの学級、明らかに運動能力低いじゃないですか。それを頑張って優勝しようとか言ってる自分がどうも……」

学級担任は行事の度に生徒たちをその気にさせなければならない。でも、実際には合唱に向かない学級もあれば、運動に向かない学級もある。教師から見れば、やらなくても結果は見えている。そういう面はあるものだ。

「例えばさあ、仕事上でうまく行かないことってあるよね。みんなで一所懸命に取り組んだのに、どうも結果が出ない。そんなときだ。でも、そんなときでも、職員室で、学年教師陣で力を合わせたら、なにかそれを打開できる手立てってあるように思わないか？　人間ってそう信じないとやっていけないんだよね」

若者はうなずきながら聴いている。

「でさ、逆境に陥っても、みんなで力を合わせりゃなんとかなるかも……って信じられるのはどうしてだと思う？　なにがそう信じさせてる？　その信じる力はどこで培われた？　オレはそれを学校で学んだと思うんだ。これが学校教育の一番の意義なんじゃないかな」

73 それだけで教師の仕事ってのは八割方成功してるんだよ…

「逆境に身を置かざるを得なかったとき、そこで諦める人と諦めない人との違いは、そこで前を向けるか否かであるんじゃないかな。逆境において前を向ける人は、どこか世の中を信じ、どこか人を信じているところがある人、そんな印象がないかい？　だれだって前を向きたい。でも、前を向くには前を向くための基礎体力のようなものが必要である。その有無を決める大きな要素の一つに学校でどう過ごしたかがあるような気がする」

自分のかつての学校生活と、いま教師として生徒たちに向かい、生徒たちに送らせている学校生活と、両者をリンクさせて考えられる若者は少ない。そんな若者たちに僕はいつもこの言葉を投げかけることにしている。

学力を上げてあげられない。行事で結果を残してあげられない。自分の力不足で生徒たちに申し訳ない。若い学級担任はいつもそんなふうに悩み、迷い、戸惑う。

「でもね、きっと『みんなで取り組んだ。それが楽しかった。有意義だった』っていう経験さえ与えられたら、教師の仕事ってのは八割方成功してるんだよ」

僕の経験から、割と若者たちに力を与えられる言葉のように感じている。

74 どこか青くさくないと教師なんて続けられない…

ある落ち着かない生徒を修学旅行に連れて行くか行かないかで、学年会が揉めたことがある。担任は連れて行きたいと思っていたのだが、教師団は強気に出て連れて行かない派が多い。それどころか、保護者まで「ご迷惑をおかけしますから」と行かなくて良いとの意向。生徒本人は行きたくてたまらない様子。その様子を見ていた担任は、更に連れて行きたい気持ちが強くなっていった。

いよいよ修学旅行まであと一週間。明日は学年会。私はこの担任から相談を受けた。

「堀先生、僕はやっぱり連れて行きたいんですけど。でも、明日の学年会で言っても、みなさんはなにをいまさら…ってことになりますよね」

「明日、頼んでみたらいいんじゃないか。先生方に頭を下げて。僕はどうしても連れて行きたい。みなさんは反対かもしれないが、そこを曲げて、なんとかお願いできないかって。おまえの真剣さが伝われば、仕方ないなあ…ってことになると思うよ。ほんとはみんなそういう青い判断が嫌いじゃないんだ。この商売はみんな、年取っても青い人がやってる商売なんだから。どこか青くさいところがないと教師なんて続けられない（笑）」

75 諦めってのは一度やると癖になるんだ…

保護者からクレームを受けて落ち込んでいる若手教師。さっきから口から漏れるのはため息ばかりである。

「なに、くよくよしてんだよ。クレームもらったときってなあ、その保護者と人間関係つくるチャンスなんだから、発想転換しろ。逃げてないで、どんどん連絡しろ。こうしてみました、ああしてみました。家庭での様子はどうですか？　って。逃げ隠れしてなんとかなるのを待とうったってそうは行かないぞ。ポジティヴポジティヴ！」

若者も顔を上げて答えた。

「そうですね。ありがとうございます。なんか諦めかけてたんで、励ましてもらって助かりました。そうですよね。こういうときこそポジティヴですよね」

「そうそう。諦めちゃいけない。諦めってのはなあ、一度やると癖になるんだ。一回諦めて、時が解決して、な～んとなくその年が終わって…。そういうやつは次の年にまたそういうことが起こる。そして一度諦めてなんとなく逃げ切れた…ってのが、記憶に残るんだな。体感として残っちまう。そして癖になっていく。そんな癖つけたら終わりだよ」

76 いまは、いましかできないことに集中することだ…

修学旅行。ある若手担任の学級で一日に三件のトラブルが発生したことがある。生徒たちのテンションが高まりすぎて、ちょっとした喧嘩があったり怪我したりが集中したわけだ。経験を重ねると、こういうことがないように、楽しみを奪わない程度に歯止めをかけることを忘れない。この担任にはそれがなかったのだろう。

その日の夜の打ち合わせ。就寝前の学級ミーティングで担任から生徒たちに訴えかけるということで話がまとまった。まだ、学年主任や生徒指導部が出る段階でもない。

その日の学級ミーティング直前、僕が缶珈琲を買おうと自販機に向かっていたときのことである。その若手担任が廊下のベンチに座って一人で俯いている。背中が丸い。表情をうかがうと、その目は明らかに、これから生徒たちにどう語りかけようかに向くのではなく、これまでの学級経営を悔いる方向に向いていた。僕は静かに声をかけた。

「反省は帰ってからでもできる。いまはいましかできないことに集中することだ……」

「そうですね。……その通りですね」

二言三言交わしたあと、学級に向かう彼の背筋は、さっきより少しだけ伸びていた。

77 自分でやってごらん。まかせるよ…

僕は自分の学年に新卒さんの担任外が入ったとき、僕が許可するまで一人で生徒指導をしてはいけないと命じることにしている。生徒指導事案があったときには、まずは僕に報告をし、僕が指導するか、或いは僕の同席のもとにその新卒に指導させるか、どちらかの手立てを取ることにしている。どんなに小さな生徒指導にも、配慮しなければならない事項がたくさんある。生徒を思わぬ言葉で傷つけたり、自分の価値観と家庭の価値観とが齟齬を来してクレームを招いたり、無意識に配慮を欠いてしまったことでそうしたことが起こり得るからだ。このことは当の新卒にもちゃんと伝える。

新卒から報告があった事案については、最初の頃は僕が指導する。新卒はそれを見ていることになる。三ヶ月くらい経ったら、新卒が指導して、そこに僕が同席しているという体制に変えていく。新卒が一人で生徒指導するのを許可されるのは、早くても秋だ。

「自分でやってごらん。まかせるよ……」

最初に僕にこう言われたときの新卒教師はみな、嬉しそうな、それでいて引き締まった表情を見せる。その表情が僕にはたまらなく愛おしく感じられる。

78 恩は返すもんじゃない。送るもんだ…

僕の転勤が決まった折。送別会の二次会でのことである。新卒から四年間、僕の学年で働いた若者と二人で話し込んでいた。酔いもあったのだろう。彼は次年度からの不安を口をした。確かに次年度の校内人事を見ると、彼は教職五年目に似つかわしくない重責を担うことになってた。

「そのくらいできるように育てたはずだ。心配いらない。精一杯やればいいだけだ」

僕はそう言葉を返した。

「ほんとうにありがとうございました。一生かかっても返せない恩をいただきました」

彼は更に酔ってきたようだ。

「悪いけど、おまえに恩を返してもらおうなんて思っちゃいない。世話になった人に恩を返そうなんてのはおこがましい。親にもらった恩を返すことなんて一生できない。そもそも十年経っておまえが成長したときには、オレだって十年分成長してんだ。おまえの手助けなんて必要としないよ。オレにしてもらったことを恩と感じるなら、自分が後輩をもったときに同じことをしてやれ。恩は返すもんじゃない。送るもんだ……」

79 おまえたちだけはなにがあっても味方でいるんだ…

学年主任として一年生を担当し、二年生に上がらずに心ならずも転勤することになったことがある。副主任は髙橋美智子先生という女性教諭。通称「みっち」。僕がこの学校で過ごした四年間、ずっと副主任として僕を支えてくれた。

あと二人の担任は高村克徳、齋藤大という若手で、新卒から僕が育ててきた若者たちだった。高村先生が四年間、齋藤先生が三年間、僕の学年に所属していた。

四月からは美智子先生が学年主任に、高村先生が副主任になる。もちろん齋藤先生も持ち上がることが決まっていた。要するに、僕だけがこの学年から抜ける形である。

僕が高村先生と齋藤先生に最後に言い残したのは次のような言葉だった。

「いいかい？　これからみっちは学年主任としていろんなプレッシャーと闘わなければならなくなる。学年間の利害もあるから、苦しむこともあるかもしれない。でも、おまえたちだけはなにがあってもみっちの味方でいるんだ。少しくらい疑問に思っても、『ミチコ先生が言うなら仕方ない。そうしましょう』と言い続けるんだ。それさえできれば、この学年は安泰だ。みっちも最大限の力を発揮するだろう」

80 みっちはすごいな…

「みっちはすごいな……。いつも笑顔で……」

初めて学年主任を担ったときの副主任が髙橋美智子先生、通称「みっち」だった。僕と一緒に学年を組み始めて数ヶ月後、みっちのお母さんが脳梗塞で倒れ、介護が必要になった。お父さんも数年前に同じ病に倒れ、障がいをもっている。みっちの家庭はたいへんであったはずだ。そんな状況でも、彼女は職場で笑顔を絶やさなかった。みっちの笑顔で僕はもちろん、学年の先生方のだれもが何度も救われた経験をもっていた。

「だって、状況は変わりませんから。楽しく過ごしたほうがいいじゃないですか」

でも、当時の僕は、みっちのほんとうのすごさを全然わかっていなかった。みっちの凄味を感じたのはそれから数年後、僕の父が脳梗塞で倒れ、介護が必要になったときだった。

詳しくは書かないけれど、予想外のことが起こる毎日。父の弱音。母の献身的な介護。職場に病院から電話がかかってきて急に呼び出される日々。とても笑顔ではいられなかった。

いまなお、心から思う。

「みっちはすごいな……。いつも笑顔で……」

5 きわめる

同僚の若者とは長くても数年の付き合いですが、研究サークルで出逢う若者とは生涯の付き合いになる可能性があります。その意味で、同僚と研究サークルとでは「出逢い」の意味が異なります。

僕は研究活動で知り合う若者にはかなり厳しく接することを旨としています。実践研究というものは、公務とは異なり、必ずしもやらなければならないことではありません。中途半端な育て方をしても、どうせ長続きしません。だったら出会いの段階から厳しく接することで、出会いの段階でふるいにかけてしまおう、そんな発想が僕のなかにあります。

そんな感じですから、十人中八人は一年ももたずに僕のもとを離れていきます。僕はそれで良いと思っています。公務で出会う若者であれば、しかも例えば学年主任を担っているときに自分の学年に所属しているというような若者であれば、僕にはその若者を育てる責任も生じます。しかし、研究活動ではその責任が伴わないのです。その意味で、これから紹介する二十の言葉がけは、僕の本音といいますか、本質といいますか、有り体に言えば僕の「本性」が最も出ていると言えるかもしれません。みなさん、あまり怖がらず、こういう世界もあるのだな……くらいの心持ちで読んでいただければと思います。

若手を厳しく鍛える5つの言葉

① **提案性がない！**
勉強し直したほうがいいね

② **批判こそ礼儀なんだ！**

③ **格好つけようと思っているうちは、うまくいかない！**

④ **魂の乗った言葉**
生々しい言葉しか語ってはいけない

⑤ **先の見える方を選ぶのが成功のコツ**
先の見えない方を選ぶのが成長のコツ

※ただし、これは研究サークルの若手限定です。

81 GIVE&TAKEだ!

「三年間だけ一方的に学んでいい。でも、三年経っても学ぶ一方で『ことのは』に益をもたらさなかったら、そのときは『ことのは』を去ってもらう。研究会の運営とか、こまごまとした雑務とか、汗をかけと言ってるんじゃない。そんなことならオレたちもする。貢献するってのはそういうことじゃない。研究的に貢献するんだ。三年後にはおまえ自身がオレたちに学ばせるようなコンテンツを開発するんだ。簡単に言えば、堀がうなるような研究コンテンツを開発しろってことだ。その期限が三年だ」

新しいメンバーが加入すると、僕はこう告げることにしている。多くの若者はこの言葉にビビる。でも、この言葉にビビるようなら長くは続かない。この覚悟がない若者に、僕は時間と労力を費やそうと思わない。こうして多くの若者が入っては去って行った。

「サークルは公務じゃない。オレにはおまえの面倒を見る義務はない。サークルメンバーってのはGIVE&TAKEだ。それがないと続けて行けない」

藤原友和をはじめとする少数の若者だけが歯を食いしばってついてきた。僕はそれで良いと思っている。若者だけではない。僕だって学ぶ主体なのだ。

82 オレの追試なんかしてる暇があったら開発しろ！

入会して最初に越えなければならないハードルがこれだ。

「おまえはなにをやりたいんだ！　どういう教育観をもち、どういう授業観をもち、どんな実践がしたいんだ。オレたちにわかるように説明してみろ。『ことのは』は『ことのは実践』ってものがあってそれを広めようっていう運動体じゃない。メンバー一人ひとりがやりたいことをもっていて、メンバーがそれぞれのやりたいことを理解していて、それぞれのやりたいことを実現するために異質な立場から異質な見解を言い合って、補強しながらそれぞれのやりたいことを実現していく。そういうサークルを目指してる。だから、堀の追試したらうまく行きましたなんていう報告は一切いらない。そんなの、オレにとってはあたりまえだ。うまく行くことだけを提案してるんだから。オレの追試なんかしてる暇があったら、自分のやりたいことに試行錯誤するほうが十年後のためになる！」

サークルに加入して実践報告を始めた若者がまず最初に投げかけられる言葉がこれだ。若者は無意識に年長者の機嫌をとろうとする。それが一切評価されず、むしろ叱られる対象になってしまうということを骨の髄まで味わわせる。そこから僕の指導は始まる。

83 はい、最初からやり直し！

定例会では入会してから一年間程度、毎回模擬授業をすることになる。理屈は一切いらない。意図を解説することも許されない。メンバーを生徒に見立てて、ただ純粋に授業するのだ。授業を受ける僕らは、発問に対してわざと突飛な意見を言って混乱させる。

若者が立ち往生する度に「はい、最初からやり直し！」と命じられる。また導入からやり直しである。最初は三十秒も経たないうちにやり直し、次もまた三十秒もたない、三回目は五十秒……。そのうちに若者のほうも「あっ、ちょっといまひらめきました。もう一度最初からいいですか？」なんて言い始める。十五分の模擬授業計画をもってきたはずなのに、やり直しに次ぐやり直しで、結局、一時間半から二時間くらいかかる。でも、若者たちは一回目より二回目、二回目より三回目と著しい成長を遂げる。半年も経てば、見違えるほどに無駄のない指導言を身につけるようになる。例会でやり直しさせられたことを意識しながら毎日の授業に向かうようになるからだ。

一回で自信を失って来なくなる若者もたくさんいたし、かつては途中で泣き出した女の子もいた。でも、この期間を乗り切ったらもう辞めることはなくなる。

84 提案性がない！　勉強し直したほうがいいね！

入会から半年くらい経つと、セミナーで模擬授業が当てられるようになる。模擬授業検討と題して、授業力の基礎基本をテーマとした研究会で検討の題材とされるわけだ。そこには僕だけでなく、大谷和明、大野睦仁、石川晋、山田洋一、南山潤司、高橋裕章といった北海道を代表する錚々たる顔ぶれがいて、定例会とは次元の異なる緊張がある。

ときには道外から有名講師を招いていることもある。そういう舞台にいきなり立たされるわけだ。かつては現在副代表の山下くんが大森修先生にこてんぱんにされたり、事務局長の對馬くんが宇佐美寛先生に「授業の体をなしてない」と指摘されたりした。

でも、授業力を検討される研究会ならばまだ良い。問題なのは「コミュニケーション力を育む」とか「子どもたちの書く意欲を高める」とか、テーマが掲げられた研究会で機会を与えられたときである。こういう場では、模擬授業をそつなくこなせば良いだけでなく、授業のコンテンツ自体に提案性が求められる。

「これは普通の授業、だれでもやってる。提案性がない！　勉強し直したほうがいいね」

一所懸命に考えたことが一刀両断される。ここから若者の先行文献渉猟が始まるのだ。

85 能力がないだけのことなんだ…

文献渉猟が始まって、日々の授業でそれを試すようになると、もう放っておいてもコンテンツ開発のサイクルに入って行く。「本なんて役に立たない。教育は実践だ」とか、「大学で習ったことは役に立たない。教育は現場だ」とか、多くの教師が言いがちな世界観とは一線を画すようになる。

もちろん、「教育は実践である」というのは一面の真理だが、そんな月並みな教育観だけで教師を続けて行くのなら、「研究集団ことのは」に入会する必要なんてない。その程度のことなら職場の同僚のだれもが言うはずだ。「ことのは」に入会するのは、もう一段上の世界に行きたいからであるはず。とすれば、もう一段上の世界をちゃんと見せてあげなくてはならない。それもできるだけ早く。できるだけ効率よく。できるだけ機能的に。それがサークル代表の務めである。

「いいかい？　理論が役に立たないとか、大学で習ったことが役に立たないとか、難しい理屈はいらないとか、言い様はいくらでもある。でもね、それは本当のところを言うと、理論を実践化する能力がない、難しい本を読む能力がない、それだけのことなんだ」

86 批判こそ礼儀だ！

全国のいろいろなところに呼ばれて、若者の模擬授業を講評して欲しいと言われることがある。でも、多くは模擬授業の体をなしていない。僕はダメなものはダメだと言うことにしている。ひどく落ち込み、懇親会で僕に近づいて来ない若者と、懇親会で僕に食い下がり、質問攻めにする若者とがいる。前者が圧倒的に多い。そして「堀先生は怖い」という評判が立つ（笑）。その後付き合うことがないだろうから、それはそれでいい。

でも、批判されて落ち込むのなら、そんな場に最初から立たなければ良いのだ。民間の実践研究の世界は、決して自分を守るところじゃない。自分を守りたいのなら、こんな危険な場に最初から来なければいいのである。だれも強制しない。そもそもやらなくても良いことなのだから。やりたくない人はクビを突っ込まなくて良い世界なのだから。

「民間研究の場は公務じゃない。やりたい人間だけが集まる特殊な世界だ。いま自分には見えていない世界を見てみたい、いまとは違う自分になりたい、そんな健全な野心をもつ者だけが集う場だ。そこでは『批判こそ礼儀』なんだ」

僕は心ある若者にはこう伝えることにしている。

87 格好つけようと思ってるうちはうまくいかない…

僕は自分と近しい若者にはよくこんなふうに言う。

「自分の模擬授業を批判されて落ち込むのは、実は準備をしっかりしなかった証拠なんだよね。いろんな可能性を考えてちゃんと準備したら、講師の指摘に『あっ、自分が捨てた案だ。そうか、そっちを採用すべきだったか』とか、『わあ、それは僕には思いつかなかった。さすが講師だ』とか、いずれにしても講師に訊いてみたくて仕方なくなるもんなんだ。だから、思考が学びに向かう。落ち込んでる余裕なんてなくなる」

講師の指摘に落ち込む若者は、模擬授業をスマートに流せる自分の姿を思い描いて授業案をつくる。力量もないのに、下手なシナリオを書き、下手な演技でなんとか誤魔化そうとする。でも、ちゃんと伝えたいテーマがあって、ちゃんとシナリオの書き方を学んだ人間にしかシナリオは書けない。ちゃんと演技を勉強して、ちゃんと練習した人間の演技じゃないと観客は見てくれない。結局、それだけの話なのだ。

「いいかい？　自分の模擬授業が批判されて落ち込んだり傷ついたりしたら、『ああ、自分はまだ格好つけようとしてるんだな…』って思うといい。そうすれば次につながる」

88 失敗しない人ってのは、失敗を失敗だと感じない人のことなんだ…

研究会の模擬授業が失敗したと落ち込んでいる若者……。気持ちはわからないでもないが、落ち込んでも仕方がない。今回の登壇がゴールなのであればともかく、こんなものは過程のなかの小さな一つに過ぎない。

「失敗する人と失敗しない人の違いってわかる？」

若者に声をかける。

「なんですか？」

「失敗する人は、この方法は成功すると思って臨む。だからうまく行かないと落ち込むことになる。でも、失敗しない人は、この方法は実験だと思って臨む。実験には成功も失敗もない。ただ結果があるだけだ。うまく行くという結果、うまく行かないという結果、どちらが出ても一喜一憂したりしない。その結果を踏まえて次を考えるだけだ。失敗しない人ってのは、成功する人のことではなく、失敗を失敗だと感じない人のことなんだ」

この言葉をいったいどれだけの若者に投げかけただろうか。それだけ若者の模擬授業は失敗するということでもある（笑）。

89 実践研究ってのは最低五つくらいは矢を持たなくちゃいけない…

実践研究の理念を一つに絞りたい。人にはそういう傾向があるようだ。「協同学習だけ」「『学び合い』だけ」「ファシリテーションだけ」「エンカウンターだけ」「野口流だけ」「法則化だけ」などなど……。運動を率いる側も、あれもこれもと手を出すのは節操がないと、若者を自分に縛りつけようとする。でも、僕は若い頃から、それをトップのエゴだと感じていた。自分はそうなるまいと心に決めていた。

「研究を一つに絞るなんて馬鹿のやることだ。どんな子どもにも機能する万能な理念や方法なんてこの世にあるわけがない。教師は最低五つくらいは矢を持たなくちゃいけない。子どもを瞬時に見極めて、一の矢がダメなら二の矢、二の矢がダメなら三の矢と、次々に繰り出せなくちゃいけない。そのためには複数の学びの場を持っていたほうがいい」

僕は二十代の頃、十七の学びの場をもっていた。もちろん、どれも均等に力を入れていたわけではないけれど、とにかく十七団体のどれもにできるだけ欠席せずに参加することだけは自分に課していた。複数の異質なものを融合させることこそが実践研究の勘所だと信じて疑わない。

90 それは数ヶ月前に確かに存在した自分なんだ…

初めて本の原稿を書くという若者が、ゲラが届いてメールを送ってきた。

「堀先生、全部書き直したいくらい納得できないんですけど……」

どうやら、執筆から数ヶ月が経って、以前に書いたものが納得できないらしい。この数ヶ月もたくさんの原稿を書いているらしいから、もしかしたらこの数ヶ月の間に原稿執筆のコツみたいなものを体得したのかもしれない。

「原稿には完成品がない。いま初校で全面改定して書き直しても、きっと再校で同じことが起こるぞ。いいか？　そんなふうに思うのは、この数ヶ月でおまえが大きく成長したことの証だ。しかも急激に成長している証拠でもある。だからちょっと前に書いたものさえ、読み直したら恥ずかしさを感じる。でもな、そのサイクルに入ったときにいちいち書き直していたらキリがない。校正段階で違和感をもつのはあたりまえなんだ。その原稿を書いた自分は、数ヶ月前に確かに存在した自分なんだ。そんな時期に書いた自分の原稿だって発表する価値がある。むしろ過去の原稿に違和感をもつのは自分が成長の渦中にある何よりの証拠じゃないか。かえって喜ばしいことだ（笑）」

91 授業技術とか教育論とか教育観とかって授業の外にあるんだ…

若者の模擬授業を見ていると三段階に分かれる。

第一段階は、準備してきた指導計画を進めること自体に四苦八苦している段階。この段階では、ひたすらやり直しをさせる。とにかく場数を踏ませることが大事だ。

第二段階は、用いるべき授業技術を演出することに意識のほとんどが向いている段階。技術のために技術を使っている段階。技術が子どもに機能せず、上滑りすることが多い。

第三段階は、理想とする教育論に囚われて、その教育論・教育観を機能させることに目が向いていない段階。授業構成は理想に向かっているのだが、一つ一つの授業行為がまだ自らの教育論・教育観と齟齬を来している。そんな段階である。

「授業技術とか、教育論とか、教育観とか、そういうのって授業の外にあるんだ。だからそうしたものに意識が向いているうちはなかなかうまく行かない。目指すのはそんなものはもう自分のなかに溶けてしまっていて、あくまでも子ども（子ども役の受講者）の表情に意識が向いて、『ああ、いまの理解されてないな』とか『ああ、いまのはちゃんと理解されてる』とか、頭のなかがそれだけで進む状態なんだ」

92 脚本を書き、演技もできなくちゃ、実践研究ってのは成立しないんだ…

教養書や学術書をよく読み、壮大な教育観をもっている若者がいる。その一方で、教育書を読んだりセミナーで講師の話を聴いたりすることを研究の中心としている若者もいる。前者は授業を分析したり文章を書いたりすることは得意としているけれど、自分で授業をするのは下手だ。後者はとてもおもしろい授業をするし、ときに大胆な発想で周りを驚かせたりもするけれど、研究協議で参加者に突っ込んで訊かれると途端にしどろもどろになってしまう。どちらも一長一短だ。

僕はどちらのタイプにもこんなふうに言うことにしている。

「僕らは脚本家じゃないし俳優でもない。壮大な脚本を書いて演技を担任に任せられるわけでもないし、他人の書いた脚本をどううまく演技するかを生業としているわけでもない。脚本を書き、演技もできなくちゃ、実践研究ってのは成立しないんだ…」

この比喩は若者たちによく伝わるようだ。

「ましてや大道具・小道具に凝ろうとか、音響・照明の演出でなんとか効果を高めようなんてのは、脚本もできて演技力が備わってからの話だ」

93 話し方を訓練するのにこんな恵まれた環境はないだろ?

「なかなか人前で話すのに慣れなくて……。どうしたら話ってうまくなりますかね」

ある若者にこう訊かれた。

「別にオレだって自信はないけれど、話ってのは練習すればうまくなるもんだよ」

「そうでしょうか」

「練習してる?」

「いいえ。どうやって練習するんですか?」

「だって、毎日、何時間も練習できるじゃん。黙ってても自分の話を聴いてくれる人たちがいるんだよ。子どもたち相手に、毎日、一つずつ課題つくって練習すりゃいいんだよ」

若者がぽかんとしている。

「あのさあ、僕らは毎日、学校に行けば黙って自分の話を聴いてくれる子どもたちを四十人ももってるんだぜ。教師以外の仕事だとこうはいかないよ。練習しようったって、鏡でも見ながら一人でやらなくちゃなんない。でも、僕らは自分の話の一つ一つに反応してくれる聴衆をもってるんだ。話し方を訓練するのにこんな恵まれた環境はないだろ?」

94 魂の乗った言葉、生々しい言葉しか語ってはいけない…

「本音で思ったこと、本気で考えたこと、自分が心の底から信じて疑わないことしか、決して語ってはいけない。それ以外のことを語ると、言葉は上滑りする」

僕がセミナーに登壇するサークルの若手にいつも語りかける言葉だ。

一般的にその論理が受け入れられているかどうか、その言葉が参加者に受け入れられやすいかどうか、その言葉が参加者にわかりやすいかどうか、そんなことはどうでもいいことだ。どんな言葉だって評価されるときは評価されるし、評価されないときには評価されない。

でも、自分が本音では思っていないこと、自分が本気で考えたわけではないこと、自分が心の底から信じているわけではない美辞麗句、そういうものを語り出したら、表現はまず間違いなく堕落に向かう。

堕落し始めたら、転落は早い。周りがそうと気づかなくても、自分に嘘をつきながら言葉を操るようになる。そうなったら言葉は力を失う。

「魂の乗った言葉、生々しい言葉しか語ってはいけない」

95 十年の時を経ずに見えてきたものなんて幻想に過ぎないんだよ…

付き合いが始まって三年が経った頃、見込みのある若者、僕らとの活動が継続していきそうだと思われる若者にはこう言うことにしている。

「授業技術とか、教育論とか、教育観とか、そういう授業の外にあるものに目が向いているうちはまだまだなんだ。目の前にいる子どもに興味を抱き、試行錯誤しているうちに教育観が生まれ、それにふさわしい技術が生まれる。そして、やがてそれが自らの教育論として自分のなかから湧き上がってくるものなんだ」

三年も経つと、この順番の革命的な転換を若者も理解できるようになる。

「とにかく十年間だ。十年間、がむしゃらに取り組むとその萌芽が見えてくる。自分からなにかが湧き上がってくるのを実感できるようになる。そこに到達したら、もう悩むことも戸惑うこともなくなる。自分から湧き上がるものを楽しむだけの生活になる」

でも、そこに到達できるのは十人に一人……といったところだろうか。

僕は期待する若者によく言う。

「十年の時を経ずに見えてきたものなんて幻想に過ぎないんだよ」

96 経験を重ねるほど、主張ってのはシンプルになっていく…

若手が単純で明快な主張をし出すことがある。わかりやすくて、シンプルで、人前で語るには受けも良い。聞き手に称賛されることも少なくない。それが麻薬になる。

でも、それは堕落への始まり。おわりのはじまりだ。

そういう兆候が見えだしたら、僕はこんなふうに言う。

「経験を重ねるほど、主張ってのはシンプルになっていく。若い頃に出逢った先達の主張はとてもシンプルであることが多い。でも、それはあくまで、複雑な思考を通ったうえでのシンプルさなんだ。複雑を限界まで分析したうえで到達したシンプルさじゃないと、長続きしない。年齢を重ねて提案したとき、軽いものにしかならない」

若手にとってみれば、やっと例会やセミナーで手応えを感じてきた矢先であることが多いので、ショックを受けることもままある。

「いまが大切ならそれでもいい。いま、ちょっといい思いをしたいだけならそれもいい。でも、長く続けたいなら、もっと大きくなりたいなら、もっともっと遠くを見ることだ。易きに流れちゃいけない」

97 発展途上人は今年と来年で言うことが変わる…

「完成したと思ったときが『おわりのはじまり』なんだ」

実践研究者も学術研究者も、六十代後半から七十代になると、主張に神がかった雰囲気が出てくる。自分の言っていることが正しいと心から思うようになる。信じて疑わなくなる。それが数十年の研究生活を前提としているから始末が悪い。その研究者の成長が止まる瞬間である。

「六十、七十になって完成したと思うならまだいい。でも、三十や四十で完成なんてあるわけがない。もっと上、もっと上…、更に上はないかと考え続けなくちゃいけない。自分に見えていないことはないか、自分が見ようとしていないことがあるのではないか、自分が気づいていないことがあるのではないか、そう思い続けなくちゃいけない」

そして、この話題において、いつも最後に言うのはこの台詞だ。

「完成した人間はもう直接話を聴くに値しない。完成してるんだから、もう完成された本を書く。だから本を読めば充分なんだ。直接学ぶべきは発展途上人だよ。発展途上人は今年と来年で言うことが変わる。言うことが変わることこそ成長の渦中にある証拠なんだ」

98 職場で好かれ、信頼され、傲慢さがなくなったらまたおいで…

実践研究は学校外の活動が中心になる。研究会やセミナーに登壇し、ちやほやされることも少なくない。全国的に有名な実践家と実際に会って話を聴くこともできる。模擬授業や講座がうまく行けば、そんな著名人から褒められることもあるし、新たな仕事を依頼されることもある。

そんな日常のなか、勘違いをしてしまうというか、調子に乗ってしまう若者が現れることがある。この世界に足を踏み入れた人間は多かれ少なかれその傾向をもつのだが、度を越えて職場で不遜な態度を示す若者が現れるのだ。会う度に職場の悪口を言ったり、同僚のダメさを指摘してばかりいたり……。なかには、「あまりにダメだから言ってやりましたよ」などと同僚を嘲笑する者まで現れる。

そういう若者が現れたとき、僕は即座にこう言うことにしている。

「おまえの職場はここじゃない。勤務している学校だ。おまえはいま、勤務校に悪影響を与えている。たぶんこの活動のせいだ。自分が職場で好かれ、信頼されるようになって、傲慢さがなくなったらまたおいで。それまで来なくていい！」

99 結局、研究なんてものは道楽なんだ…

実践研究なんてしなくても、仕事は続けられる。教師は続けられる。事実、世の中の大半の教師は、少なくとも僕らのようには実践研究なんてしていない。

実践研究が子どものためだとか、少しでも子どもにとって価値ある教師になるためだとか言うけれど、でもそんなものは美辞麗句に過ぎない。いろんなものを削ぎ落とし、本音の本音だけを残したら、実践研究なんてものは自己顕示欲を満たす一つの方法でしかない。世の中に、それを自覚している人と、自覚していない人とがいるだけの話だ。

僕らはそうした自己顕示欲の満たし方に楽しさを感じるタイプの人間なのだ。それだけのことなのだ。この醒めた認識を忘れてはならない。

僕はいつも若者たちに言う。

「結局、研究なんてものは道楽に過ぎないんだ。間違っても実践研究に勤しむ者が他の教師たちより優れているとか、実践研究に取り組まない人たちが楽をしているとか思ってはいけない。どちらかと言うと、自分たちの方が道楽で良い思いをしているエゴイストなのだというくらいの認識でいたほうがいい」

100 先の見える方を選ぶのが成功のコツ！ 先の見えない方を選ぶのが成長のコツ！

何度も登壇を重ねているうちに、なんとなく主張の在り方、提案の在り方に同じような傾向が見られるようになっていく。これをやれば成功するというテッパンの提案スタイルができてくるわけだ。

そういう若者には、新たな主張の在り方、提案の在り方を編み出してもらわなければならない。そうしないと成長しないからだ。でも、こういう状態に陥る若者というのは、もう既にけっこうな有名人になっていて、登壇もそう失敗するわけにはいかない。失敗に対して、ある種の恐怖感を抱く段階に入っている。僕にも経験があるからよくわかる。

でも、その恐怖感を越えないと、この世界で長くはやっていけない。失敗しても笑い飛ばせるくらいの度量を身につけないと、これからの成長がない。こんな若者に対して、自戒を込めて僕がいつも言うのがこんな言葉だ。

「先の見える方を選ぶのが成功のコツ。先の見えない方を選ぶのが成長のコツ」

僕がこの世界で四半世紀、五十歳に手が届こうかという現在に至っても、いつも自分に言い聞かせている言葉である。いつまでも先の見えない方を選ぶ自分でありたい。

あとがき

いま、松山千春の最新アルバム「伝えなけりゃ」を聴いています。松山千春五十九歳、三十九枚目のオリジナルアルバムです。この少々傲慢でエゴイスティックなイメージのある北海道出身のフォークシンガーを僕は愛して止みません。松山千春がデビューしたのは一九七七年一月ですから、僕は小学校四年生でした。彼はそれ以前から北海道のラジオでは既に有名人でしたので、その頃からの千春ファンは、彼の二十歳から還暦までをずーっと見てきたことになります。僕もレコード・CDで音源化されているものについてはすべて持っています。現時点で、僕は十歳から五十歳までの四十年にわたって、この十歳年長のフォークシンガーを追い続けてきたということになります。

いまとなっては、新党大地のテーマソングになってしまった感のある「大空と大地の中で」を初めて聴いたときの衝撃が忘れられません。小学校高学年というのは、周りの女の子たちがどんどん大人っぽくなっていく時期ですから、ちょうどその時期にリリースされた「時のいたずら」という曲にも思い入れがあります。

年齢を重ねると、こうした長年触れ続けてきた表現者というものを幾人ももつことになります。音楽だけでなく、文学や芝居を含めれば、僕の場合、数十人にもなるような気がします。彼ら彼女らが次第に成熟していくのを見ていると、どんな分野においても成熟の大枠は同じような経緯を辿るのかな……なんてことも感じます。特に松山千春の歌詞はその趣が大きいのです。五十歳を超えた頃から、彼の歌詞は言葉がどんどん少なくなり、行間に情緒を醸すようになりました。自分の意志をストレートに表現することの多かった歌詞が、運命的なものに、自分の意志ではどうしようもないものに対する畏敬のようなものを表現するようにもなってきました。「そんなにあせる事ない」「コッコツとやるだけさ」「私は風吹くままに揺れてる」「僕はそれなりに生きている」「時の流れはとても速くて生きて行くだけでギリギリだけど」などなど、成熟の意味を知る者だけが語れるシンプルな言葉を連ねるようになってきている、そんな印象を与えます。

先にも述べたように、松山千春は僕よりちょうど十歳年長です。僕が二十歳のときに彼は三十歳でしたし、僕が三十歳のときに彼は四十歳でした。僕が四十歳のときには五十歳でしたし、そして僕が五十歳を迎えようとしているいま、彼は還暦を迎えようとしています。そんな節目節目の年に、松山千春のアルバムがリリースされる度、僕は「ああ、次の十年はこんなふうな境地に至る十年なのかもな……」と感じたものです。そんな想いを抱きながら、いま、「伝えなけりゃ」という最新アルバムを聴いているわけです。

二十代、三十代の若者たちと接していると、「こいつが四十代、五十代を迎えたとき、どんなふうに成熟しているのだろう……」という想像が僕のなかで起動します。彼らが学校の中枢として働くころ、僕はもう現役ではありません。でも、彼ら彼女らには更に若い世代の成熟に思いを馳せながら、自分より若い世代を叱咤し、激励し、慈しむ先輩教師であって欲しい。やり方は人それぞれ、在り方は人それぞれであって良いけれど、自分と出逢い、自分を頼りにする若い世代を慈しむ人であって欲しい。心からそう思います。

人は自分が若い頃にしてもらったことを、年長に立ったときに自分もしてあげたいと思う存在です。自分がしてもらえなかったこと、自分がして欲しかったのにその機会がなかったことについて、一生懸命にそれをしようとは思えないものです。とすれば、僕のいまの仕事で最も大切なのは、僕が若い頃にしてもらったことを僕が出逢った若い世代に本気でしてあげること、そういうスタンスで若者たちに接すること、それだけなのではないか……、そう思うのです。

僕は若い頃、ずいぶんと周りの人たち、特に年長の人たちに恵まれたという実感をもっています。ここで名前は挙げませんが、この人がいなかったら現在の僕はないなと思う方をたくさんもっています。そうした年長の同僚の方々は、幾人かは既に鬼籍に入られ、多くはいまどうしているのか僕にはわからない人たちです。しかし、お世話になった彼ら彼女らは、いまなお、確かに僕のなかに大きな存在感をもって生きているのです。

人は若い頃に自分がしてもらったこと、自分がして欲しいと思っていたのにしてもらえなかったことに大きな影響を受ける存在なのです。なかでも「ああ、この人は自分のことを思ってくれている」「ああ、この人は自分に対して本気になってくれている」と感じた体験は、有形無形にその人の人生に良い影響を与えます。その人の人生観を規定してしまうほどの大きな影響を与えます。その意味で、年長者が若者にしてあげられることは「本気になること」だけで良いのだとさえ僕は感じています。

たかが若い頃に接した短い期間のことです。そんな短い期間に結果が出たか出なかったかは、むしろどうでも良いことなのです。自分のために本気になってくれた人がいた。自分という存在を本気で肯定してくれた人がいた。その体験さえ与えられたら、年長者の仕事は既に八割方成功と言えるのではないでしょうか。そしておそらく、このことは毎日子どもたちに接している僕ら教師という仕事においても、同じ構造をもっているのです。本書が教育書として刊行されるのはそうした意味合いなのだろうと思います。

今回も編集の白石正明さんにご尽力いただきました。深謝致します。

伝えなけりゃ／松山千春　を聴きながら……

二〇一五年十一月二十二日　早朝の自宅書斎にて　**堀　裕嗣**

お読みいただきありがとうございました！
10・100シリーズはまだまだ続きますよ～～～（予定）

堀　裕嗣（ほり・ひろつぐ）
1966年北海道湧別町生まれ。1991年より、札幌市の中学校国語科教諭。現在、「研究集団ことのは」代表、「教師力BRUSH-UPセミナー」顧問、「実践研究水輪」研究担当を務めつつ、「日本文学協会」「全国大学国語教育学会」「日本言語技術教育学会」などにも所属している。『教師力入門』『教師力ピラミッド』（明治図書出版）、『学級経営10の原理・100の原則』『生徒指導10の原理・100の原則』（学事出版）、『スクールカーストの正体』『中学生の通知表所見欄記入文例』（小学館）ほか、著書・編著書多数。

若手育成10の鉄則　100の言葉がけ

2016年２月27日　　初版第一刷発行

著　者　堀　裕嗣
発行者　伊藤　護
発行所　株式会社　小学館
〒101-8001　東京都千代田区一ツ橋２-３-１
電話　編集：03-3230-5683
販売：03-5281-3555

印　刷　萩原印刷株式会社
製　本　株式会社若林製本工場
編　集　白石正明

Printed in Japan　ISBN 978-4-09-388440-2